味つけの法則

味つけの法則が身につくと、こんなに便利です

材料や分量が変わっても、
自信をもって味つけができます

塩分をどれだけ
使っているかが分かるので、
塩分のとりすぎをふせぎ、
健康管理もできます

レシピに頼らず、いつでも
"おいしい味つけ"ができ、
得意料理がぐんとふえます

1 はじめに

おいしい味には理由(わけ)があります

料理のおいしさの決め手は"味つけ"です。「昨日は薄かった、今日は濃かった」とばらつきがあって、味つけに自信がもてないということはありませんか。また、毎回レシピを開いて確認していても、人数が増えたり、冷蔵庫に残っていた材料で代用すると、たちまち調味料の加減が分からなくなってしまうという人もいるでしょう。
この本では、材料や分量が変わっても自信をもって味つけができる方法を、やさしい計算で説明します。

基本は約1％の塩分

"おいしい味"はどのように決まるのでしょう？
味は、塩味、甘味、酸味、苦味、辛味の5つからなっています。中でも"塩味"は、和・洋・中国風、どんな料理にも共通し、材料の重さ（正味）に対して0.8～1.5％ぐらいのときに私たちはおいしいと感じます。これは人間の体内の塩分濃度0.9％にほぼ等しく（生理的食塩水と同じ）、科学的にも裏づけされた、体に適したおいしさです。
つまり、材料の重さに対する塩加減がわかれば、いつでもおいしい味つけができるようになるのです。

「計算は苦手」という人でも大丈夫。塩加減の基本は"材料の重さに対して約1％"と覚え、そこから料理に合わせて増減します。
（料理別塩分濃度・6～7ページを参照）
また、味つけは「こうでなければならない」というものではなく、あくまでも"めやす"ですから、材料の重さが485gと端数でも、約500gとすれば、暗算でさっと塩分を割り出すことができます。

7つの味つけの法則

この本のもうひとつの特長は、汁もの、ご飯もの、煮もの、焼きものなど、調理法による"味つけの法則"が分かることです。
たとえば、1人分の汁ものの塩分を計算すると（だし150cc×塩分0.6％）、塩約1gがちょうどよい味と分かります。
そこで汁ものの法則は、1人分に塩1g、4人分なら4g（小さじ1弱）と覚えると、料理の度にいちいちを計算する必要はありません。この法則が頭に入っていれば、「煮ものをつくろう」と思ったときも、材料の重さを計れば、すぐに調味料の分量が割り出せます。
（表紙カバー見返しの法則早見表を、台所などの目につきやすい場所に貼って、毎日の料理に活用しましょう。塩味と合わせて、甘味、酸味の分量も分かります）

"最初は控えめ"が味つけのコツ

味はいったん濃くつけてしまうと、抜くことはできません。"足せても、引けない"のです。調味料の分量は同じでも、鍋の大きさや、火加減によって、でき上がりに差がでるので、"最初は控えめにし、最後に味をととのえる"これが調味料を入れるときのポイントです。

材料の重さから調味料を割り出す方法は、慣れないうちは少し面倒に感じるかもしれませんが、毎日するうちにしぜんと身につき、どんな料理の味つけも自由自在。
そして塩分のことを頭において味つけをしていると、味を判断する舌の感覚も磨かれ、いつの間にか素材の味を充分に生かした料理ができるようになります。
これをマスターしたら、"料理ってこんなに簡単で楽しいの?!"と、実感するにちがいありません。

さあ、あなたも味つけ名人になるための一歩をふみ出しましょう。

この本の使い方

★ 材料はことわりがなければ4人分です。
★ 1カップは200cc、大さじ1は15cc、小さじ1は5ccです。
★ 塩は種類によって重さは違いますが、分かりやすいように小さじ1を5gで計算しています。
★ 味噌は家庭でよく使われる中辛味噌を使っています。
★ 糖分は砂糖のほか、みりんも使いますが、ここでは砂糖だけで計算し、みりんはうま味を加えるために使っています。
★ ページの右上には、その料理の塩分濃度のめやすが入っています。

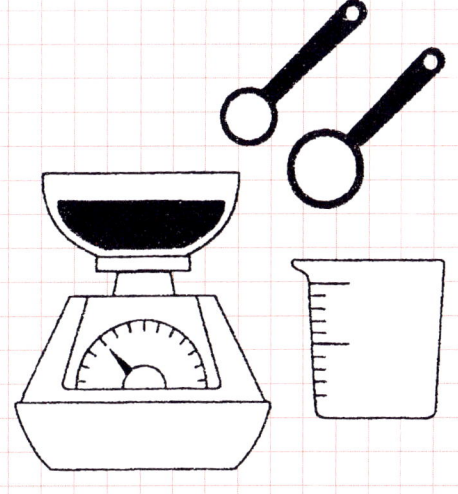

もくじ

味つけの法則

味つけの基本
- おいしい味には理由（わけ）があります — 2-3
- 塩加減のパターンを覚えましょう — 6-7
- まずは材料の計量から — 8-9
- いつでも役立つ手ばかり目ばかり — 10-11
- 調味料のかさと重さ — 12-13
- 塩分の換算 — 14-15
- 下ごしらえの塩分 — 16-17

汁もの
- すまし汁の基本と法則 — 18-19
- 豆腐とわかめのすまし汁 — 18-19
- 味噌汁の基本と法則 — 20-21
- 大根と油揚げの味噌汁 — 20-21
- かき玉汁 — 22-23
- しじみの味噌汁 — 22-23
- 豚汁 — 22-23
- ミネストローネ — 24-25
- かぼちゃのポタージュ — 26-27
- 豆腐と青梗菜のスープ — 26-27

ご飯
- 炊き込みご飯の基本と法則 — 28-29
- 青豆ご飯 — 28-29
- きのこご飯 — 30-31
- 栗ご飯 — 32-33
- たけのこと油揚げのご飯 — 32-33
- 五目ご飯 — 32-33

- 酢めしの基本と法則 — 34-35
- ちらしずし — 36-37
- いなりずし — 36-37
- 親子丼 — 38-39
- 五目やきめし — 38-39

パスタ
- 野菜ソースのスパゲッティ — 40-41
- ペンネのブロッコリーソース — 42-43

煮もの
- 煮ものの基本と法則 — 44-45
- 厚揚げ入り肉じゃが — 44-45
- 煮もの上手の4つのポイント — 46-47
- 塩だけで煮る野菜の煮もの — 48-49
- しょう油だけで煮る野菜の煮もの — 48-49
- 筑前煮 — 50-51
- 大根と豚肉の煮もの — 50-51
- おでん — 52-53
- いわしと野菜の蒸し煮 — 54-55
- とり肉のトマト煮込み — 54-55

魚の煮つけ
- 魚の煮つけの基本と法則 — 56-57
- あじの煮つけ — 56-57
- かれいの煮つけ — 58-59
- いわしの生姜焼き — 58-59

焼きもの・炒めもの
ぶりの照り焼き —— 60-61
鮭のムニエル —— 60-61
ポークソテー —— 62-63
豚肉の生姜焼き —— 62-63
ミートローフ —— 64-65
野菜と肉の天板焼き —— 64-65
ホワイトソースとトマトソース —— 66-67
とり肉とカリフラワーの炒めもの —— 68-69
牛肉とピーマン炒め —— 68-69

酢のもの・和えもの・常備菜
酢のものの基本と法則 —— 70-71
きゅうりの酢のもの —— 70-71
ほうれん草のおひたし —— 72-73
白和え —— 72-73
いんげんのごま和え —— 72-73
茄子とトマトのおろし和え —— 72-73
切り干し大根の煮つけ —— 74-75
ひじきの煮つけ —— 74-75
きんぴらごぼう —— 74-75

卵料理
ココット —— 76-77
厚焼き卵 —— 76-77
スペイン風オムレツ —— 76-77

割合で覚える卵の蒸しもの —— 78-79
茶碗蒸し・卵豆腐・プリン —— 78-79

たれ・ソース
割合で覚えるたれ・ソース —— 80-81
赤味噌・白味噌の展開 —— 80-81
ドレッシングの基本と展開 —— 80-81
マリネソース —— 80-81
八方だし —— 82-83
照り焼きのたれ・焼き肉のたれ —— 82-83
すき焼き・寄せ鍋・ちり鍋・しゃぶしゃぶ
 —— 82-83
鍋のごまだれ・ポン酢 —— 82-83
チリソース・リャンパンのたれ —— 82-83

その他
野菜の旬と重さ —— 84-85
塩分・糖分の調味パーセント一覧 —— 86-87
塩分換算表 —— 88-89
味つけの法則早見表 —— 90-91
一日にとりたい食品のめやす —— 92-93

味つけの表
味つけご飯の塩分 —— 30-31
しょう油と砂糖の関係 —— 46-47
魚の煮つけ —— 56-57
酢と砂糖の割合 —— 70-71

Illustration：Chiharu Sakazaki
Design：Kaoru Sudo

2 料理別塩分濃度

塩加減のパターンを覚えましょう

塩分濃度（塩分の調味パーセント）とは、材料の重さに対する塩の割合です。

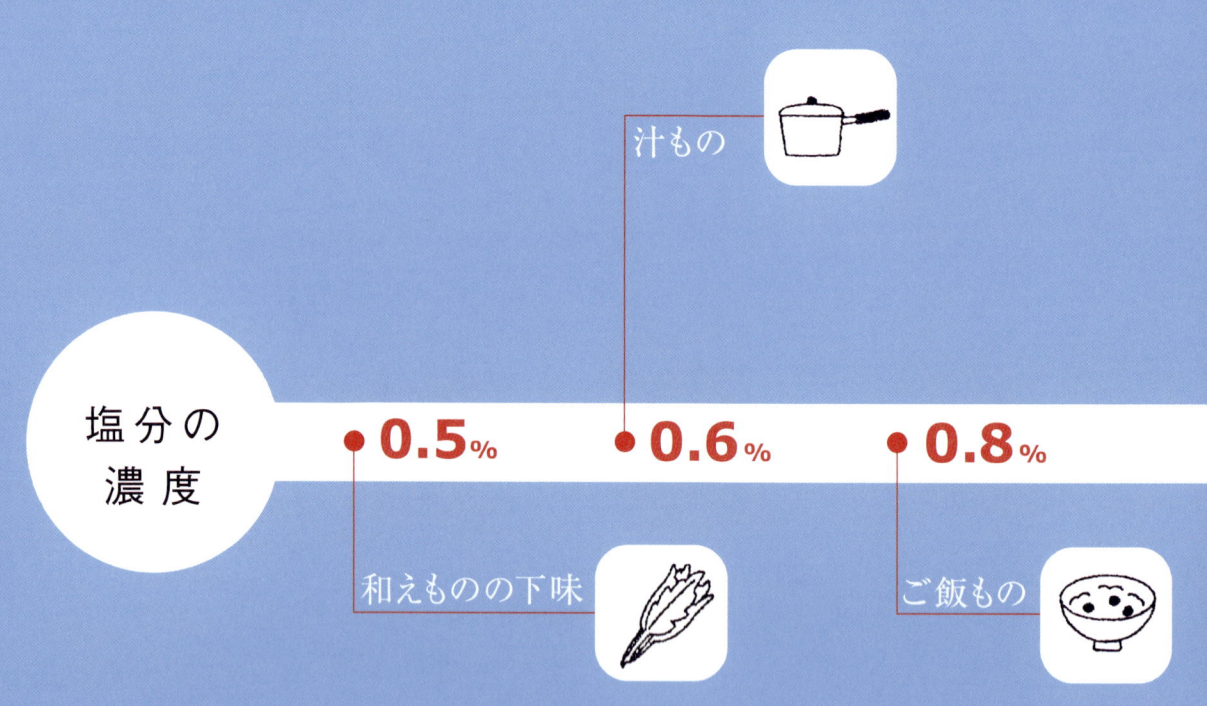

献立全体のバランスを考えて

料理の塩分は、野菜のふり塩の約0.5％から、漬けものの約3％までが一般的です。しかし材料の鮮度や、味のしみこみやすさ、煮汁を残して食べるものと、一緒に食べてしまうものなど、料理によって味つけは変わります。
味の濃いものや薄いもののバランスを、献立全体で考えるようにしましょう。
（この表は標準的な味つけを示しています）

3 材料の計量

まずは材料の計量から

おいしいと感じる塩分濃度を計算するには、まず材料の重さをきちんと計ることが必要です。
米は炊き上がり、根菜類は皮をむいて、乾物は水やぬるま湯で戻した後など、
正味の重さに対する調味料の分量を計算します。
「はかる」ことは、味つけのためだけでなく、「今日は何をどれくらい食べたかな?」と、
一日にとりたい食品量を見当づけるのにも役立ちます。
計ることが、料理の前の習慣になっていると、栄養や経済面からも適量がわかるようになります。
(正味の重さは、素材の廃棄量によって変わるので、調理前と正味の重さを自分で計ってみましょう)

塩分濃度の計算方法

$$塩の重さ(g) = \frac{材料の重さ(g) \times 塩分(\%)}{100}$$

材料の重さを計るときの状態

ご飯	根菜類	乾物
炊き上がり	皮をむいて	水かぬるま湯で戻して

目ばかり 手ばかりで計量

いつでもすぐに役立ち、決しておき忘れることのない「はかり」、それは自分の目と手を使う「はかり」です。
まず、「卵1個は約50g」を、目ばかりの基準にします。卵の大きさも大小さまざまですが、
だいたい50gとして、卵1個と同じくらいの大きさのじゃが芋や人参などの根菜類、挽肉、ご飯、味噌なども、
ほぼ50gと見当づけます。刻んだ野菜は片手に軽く盛ると約100g、
せん切りにした野菜を両手でおおった量は約200gです。
これが頭に入っていると、いちいち秤にのせなくても重さの見当がつき、調味料の計算が楽になります。
いずれも手の大きさによって差がでるので、自分の手で計って覚えましょう。

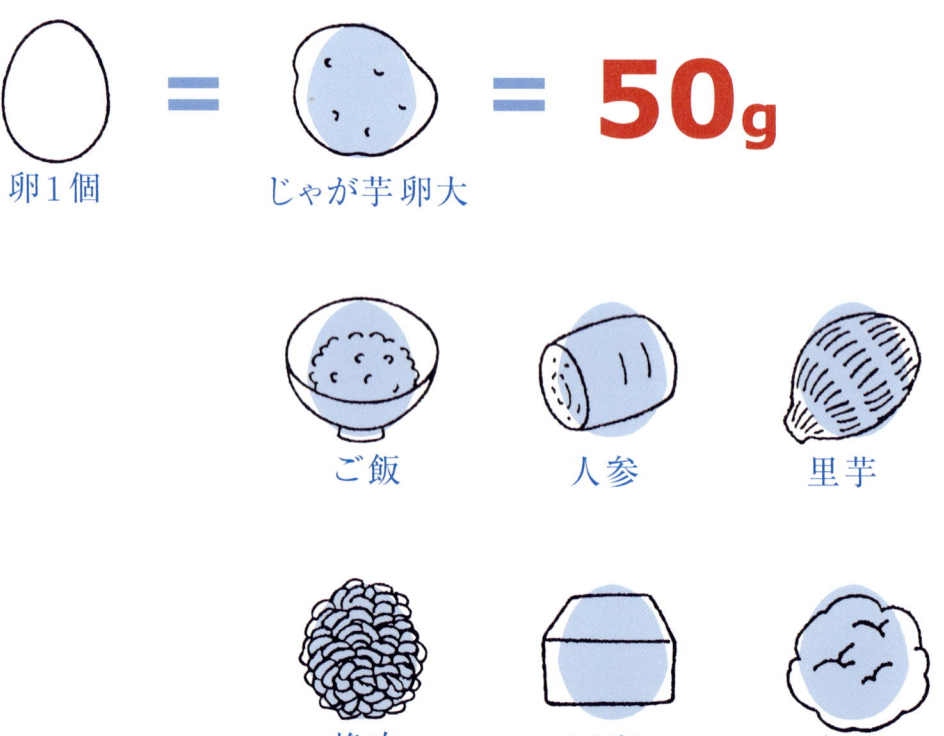

目ばかり

卵1個 ＝ じゃが芋卵大 ＝ 50g

ご飯　人参　里芋

挽肉　豆腐　味噌

手ばかり

刻んだ野菜の場合

片手に山盛り **100g**　　両手でおおって **200g**

塩の場合

2本の指でつまむ ＝ 小さじ1/8＝少々

3本の指でつまむ ＝ 小さじ1/5＝1g

5 調味料のかさと重さ

計量スプーン・カップによる重量表（g）

小さじ＝5cc

調味料	重量
水・酒・酢	5g
塩	5g
しょう油・味噌・みりん	6g
砂糖	3g
はちみつ	7g
サラダ油・バター	4g
小麦粉	3g

しょう油、塩などの調味料を計るのに使う計量スプーンは大小2つあります。
大さじ（15cc）は小さじ（5cc）の3倍です。
基本的にしょう油などの液体は、表面張力で多少盛り上がった状態で計ります。
また、塩、砂糖、小麦粉などの粉状のものは山盛りにすくってから、すりきりにします
（押しつけないように注意してください）。

大さじ＝15cc	カップ＝200cc
15g	200g
15g	180g
18g	230g
9g	130g
21g	280g
12g	180g
9g	110g

6 塩分換算表

どれも塩分は1g

塩分は塩のほか、主にしょう油、味噌が使われます。
塩分濃度を計算するときは、塩の重さを基本に、しょう油と味噌におきかえます。
塩1gの塩分は、しょう油なら小さじ1、味噌なら大さじ1/2とほぼ等しいと覚えましょう。
また、塩をしょう油におきかえるとき、重さは塩の6倍、かさは5倍です。

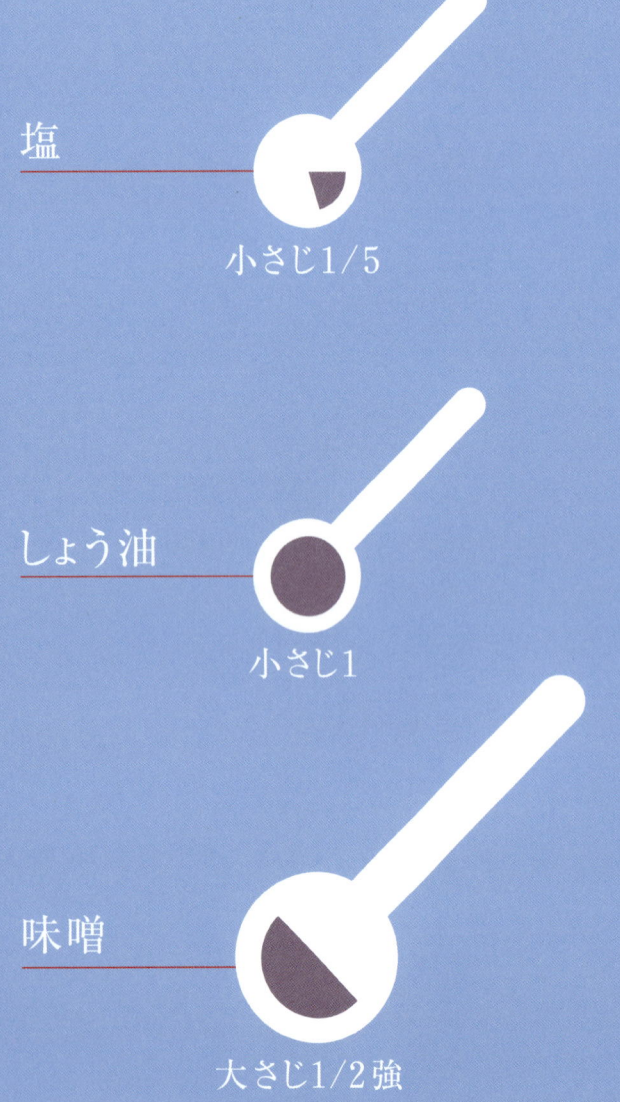

塩 — 小さじ1/5

しょう油 — 小さじ1

味噌 — 大さじ1/2強

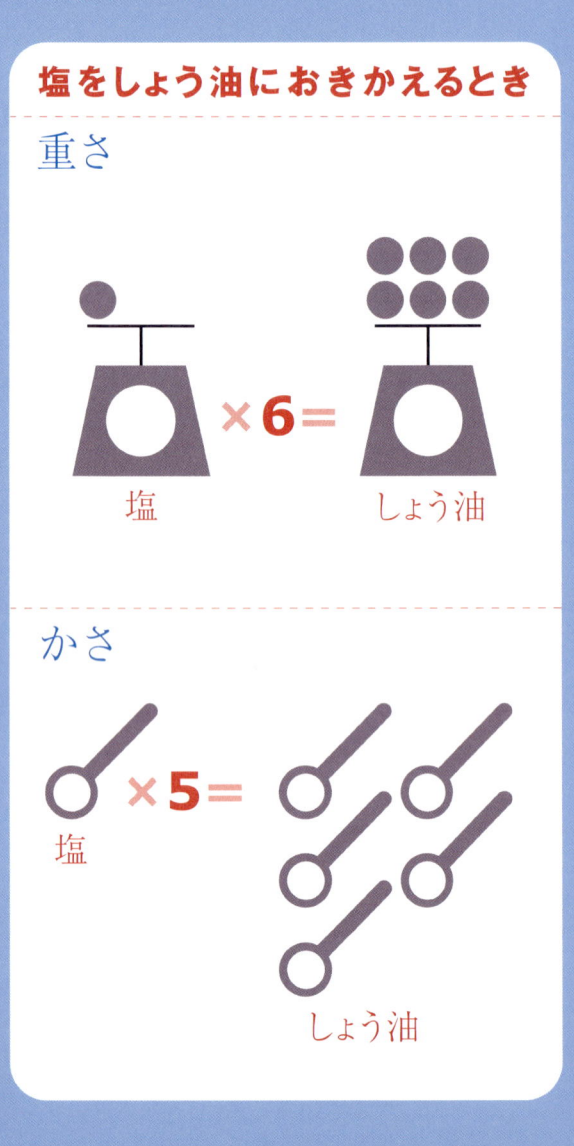

塩をしょう油におきかえるとき

重さ
塩 ×6= しょう油

かさ
塩 ×5= しょう油

大さじ1に含まれる塩分は

しょう油に含まれる塩分は重さの1/6なので、しょう油大さじ1（18g）に含まれる塩分は3gです。
また、家庭でよく使われる中辛味噌に含まれる塩分は重さの10％で、大さじ1（18g）には1.8g（約2g）の塩分が含まれていると覚えます。

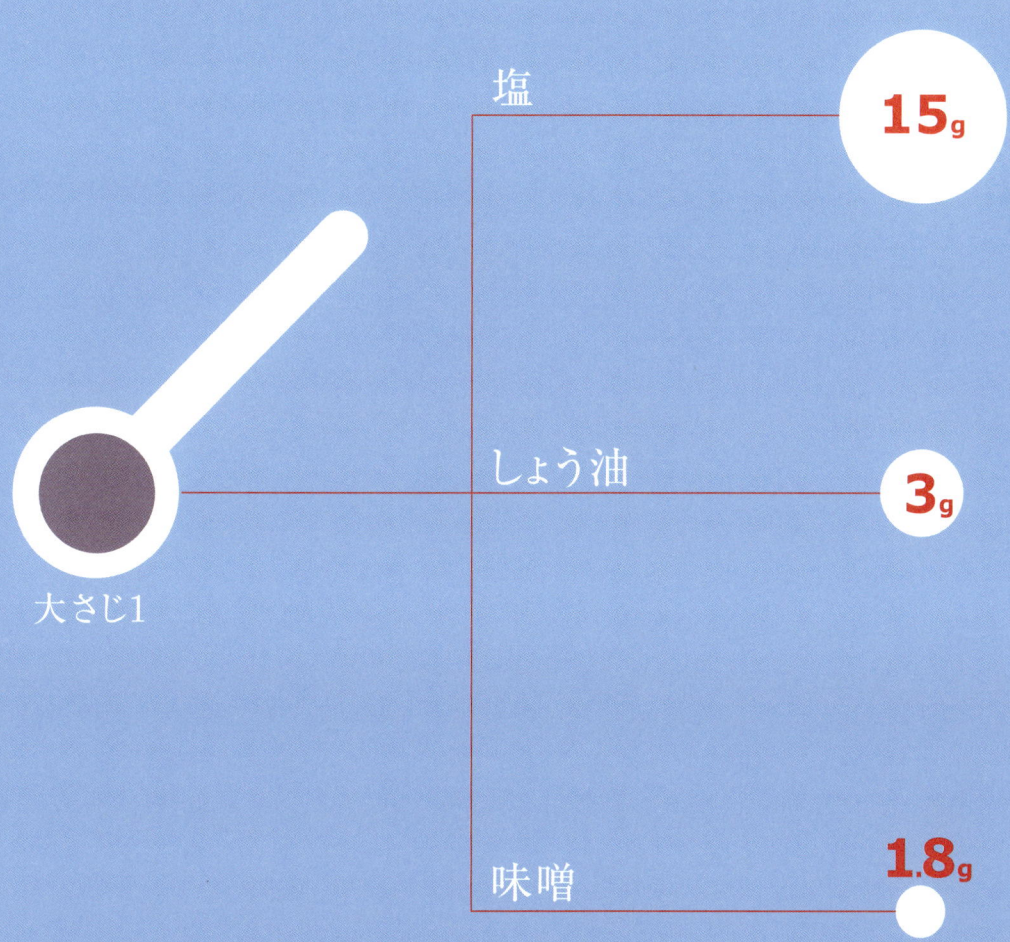

下ごしらえの塩分めやす

0.5%

| 青菜を茹でる | 水 **1** リットル ： 塩 **5g** ＝ 小さじ **1** |

| 和えものや
おひたしの下味 | 青菜 **200g** ： 塩 **1g** ＝ 小さじ **1/5** |

| 青菜の茹で方 | 鍋にたっぷりの湯を沸かし、沸騰したら水 1リットル に対して塩 小さじ1 を入れます。青菜を3〜4株ずつ根元の方から入れ、10 数えたら葉先までひたします。ひと呼吸おいて菜箸で全体を返し、煮立ってきたら、手早く冷水にとって色止めとあく抜きをします。軽くしぼってざるに広げ、200gに塩 小さじ1/5（ひとつまみ）の割合でふっておきます。 |

0.8%

パスタを茹でる	水 **2**リットル : 塩 **16**g = 約大さじ **1**
パスタの茹で方	パスタ100gを茹でるには、熱湯1リットルが必要です。鍋にたっぷりの湯を沸かし、沸騰したら、塩を加えて茹でます。茹でている間はいつも沸騰しているように火加減に気をつけます（ふきこぼれに注意）。茹で加減はパッケージの表示をめやすにし、その少し手前で食べてみて確かめます。

3%

魚を洗う／あさりなど貝類の砂だし

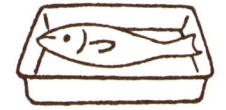

貝類の砂だし　貝は殻をよく洗い、八分目位の塩水（しじみは真水）につけ、暗くて涼しいところに2〜3時間おきます（夏場は冷蔵庫に）。汁ものにするときは、水から入れて煮ます。

1 汁もの
豆腐とわかめのすまし汁

汁ものの味つけは、おいしい塩味の基本。すまし汁や味噌汁など具の少ない汁ものは、
だしに対して0.6％の塩分を加えます。昆布や鰹節などにも塩分が含まれているので、
汁全体では少し濃いめになりますが、具を加えることで口に入るときには0.6％前後の塩味になります。
具の種類や量によっても味が変わりますから、
塩は控えめに入れて、最後に香りづけにしょう油をたらし、味をととのえます。

塩小さじ3/5

だしカップ3

しょう油小さじ1

すまし汁 0.6%

汁ものの法則

塩分はだしに対して

1人分のだし **150**cc に塩 **1**g

▼ 4人分では

だし **600**cc に塩 **4**g

調味料の計算

塩分　**600**cc（だし）× **0.6**% ＝ **3.6**g　約 **4**g

▼ **3**g分を塩に　　▼ **1**g分をしょう油に

小さじ3/5　　　　小さじ1

材料と分量

わかめ（戻して）	50g
豆腐	1/2丁（200g）
だし	3カップ
塩	小さじ3/5
しょう油	小さじ1

つくり方

1 わかめはひたひたの水で戻し、すじがあればとって、2cmくらいに切っておきます。
2 昆布と削り節でだしをとり（23ページ参照）中火にかけて、塩を控えめに入れます。
3 だしが煮立ちかけたら、わかめを入れ、豆腐を好みの大きさに切って加えます。
4 最後に塩、しょう油で味をととのえ、煮立つ直前に火を止めます。

ひとことアドバイス　だしのこと

食事の最初にまず口に含む汁ものに、思わず「おいしい」と声があがったときのうれしさは格別です。
そのおいしさは、だしと塩加減でほとんど決まります。
だしをとるのはちょっと面倒と思っている人も、朝起きて顔を洗うように、
料理のはじめにまずだしをとることを習慣にしてしまえば、ちっとも苦労ではありません。
多めにとって、煮もの、おひたしの割しょう油（しょう油をだしで割る）、合わせ酢など、
いろいろな料理に活用しましょう。

1 汁もの

大根と油揚げの味噌汁

味噌は甘味噌から辛味噌まで種類が多く、含まれる塩分も6〜13％と幅があります。
"汁ものの法則"にある1人分のだし150ccに塩1gと、ほぼ等しい塩分は、
甘味噌で大さじ1（18g）、家庭でよく使われる中辛味噌で小さじ2（12g）です。
中辛味噌の塩分含有率は、重さの約10％なので、1人分で小さじ2（12g）となり、
4人分で卵大1個分（約50g）と覚えてしまうと簡単です。
すまし汁と同様、具の種類などで味が変わるので、はじめは控えめに調味します。
だしは煮干しと昆布でとります。

味噌 卵大1個

だしカップ3

味噌汁 0.6％

汁ものの法則

1人分のだし **150cc** に塩 **1g**

↓ 味噌（中辛）にすると（中辛味噌は重さの約10％が塩分）

小さじ2＝**12g**

↓ 4人分では

卵大1個＝約**50g**

調味料の計算

塩分 **600cc** （だし） × **0.6%** ＝ **3.6g** 約**4g**

↓ 味噌（中辛）にすると

大さじ3弱＝約**50g**＝卵大1個分

材料と分量
大根……………………………150g
長ねぎ…………………中1/2本（50g）
油揚げ……………………1枚（30g）
だし………………………………3カップ
味噌……………………………大さじ3弱

つくり方
1 大根は短冊切り、長ねぎは小口切りにします。
2 油揚げは熱湯をくぐらせて油ぬきし、縦に2等分してから、5mm幅に切ります。
3 鍋にだしを入れ、大根と少量の味噌（大さじ1）をとき入れて火にかけ、煮立ったら中火にし、油揚げも加えます。
4 大根がやわらかくなったら、残りの味噌を入れて味をととのえ、長ねぎを加えます。

ひとことアドバイス　具と味噌のこと
　　　　味噌汁の具は豆製品や芋類、海藻類など、その日の献立で不足しているものを
補うのに便利です。具は1人分約50g（卵大1個分）を2～3種類で揃えます。
根菜類を使うときは、だしの中でやわらかく煮ておきます。また豆腐、芋類など
具が沈んでしまう場合は、青みを浮かせたり、野菜の切り方に変化をつけるなどの
小さな工夫で見た目がぐんとひき立ちます。
　　　　味噌は煮つめると味が濃くなり、風味が落ちるので、溶き入れるタイミングが大事です。
具がやわらかくなったら、玉じゃくしですくった味噌を汁にひたして菜箸で混ぜたり、
味噌こしを使って手早く溶かし入れ、つくりたてを食卓に運びます。

かき玉汁

透きとおったかき玉汁をつくるには、
すまし汁に水溶き片栗粉を加えて
うすいとろみをつけたところに、
よく溶きほぐした卵を流します。

基本の調味料（4人分）

だし3カップ	
塩小さじ3/5	
しょう油小さじ1	

材料と分量

だし	3カップ
塩	小さじ3/5
しょう油	小さじ1
片栗粉	小さじ1+1/2
水	大さじ1
卵	2個
生姜汁	小さじ1
三つ葉（刻んで）	少々

つくり方

1 卵は白身を切るようにほぐしておきます。
2 だしを中火にかけ、塩、しょう油を入れて、煮立つ寸前に水溶き片栗粉を混ぜ入れます。
3 溶き卵は、高目の位置から穴あき玉じゃくしを通して、すじ状に回し入れます。
4 生姜汁を入れ、三つ葉をパッと散らしてすぐ火からおろします。
＊生姜汁はきれいに洗った生姜を皮のまますりおろし、手のひらでぎゅっと絞ります。

しじみの味噌汁

貝類や魚の味噌汁のだしは、昆布だけでとります。
しじみは真水で、あさりや蛤など海にすむものは
3％の塩水（海水と同じ塩分）につけて砂をはかせます。

基本の調味料（4人分）

だし3カップ	
味噌卵大1個（約50g）	

材料と分量

昆布（拭いて）	7～8cm角1枚
水	3カップ
味噌	大さじ3（約50g）
しじみ（またはあさり）	300g
あさつき（または長ねぎ）	適宜

つくり方

1 しじみはよく洗い、真水（あさりは3％の塩水）の中で1～2時間、暗くて静かな場所に置いて砂をはかせ、きれいに洗います。
2 鍋に昆布をしき、しじみを入れて水を加え、分量よりやや控えめの味噌を数ヵ所にちょんちょんとおきます。こうすると、しじみの口がひらく頃、味噌がほどよく溶けます。
3 蓋をして火にかけ、ひと煮立ちしてしじみの口が開いたらでき上がりです。お椀に盛り、小口切りのあさつきを散らします。
＊貝類は何度も煮返すと身が落ちるので、遅れて食事をする人の分は汁に入れずにとり分けておきます。

すまし汁・味噌汁 0.6%

豚汁

主菜がシンプルなときは、具だくさんの汁ものがおかずになります。豚汁などは、具にも味がゆきわたるように、水分と具を合わせた分量全体に0.6％の塩味をつけます（具は1人分100〜150gです）。

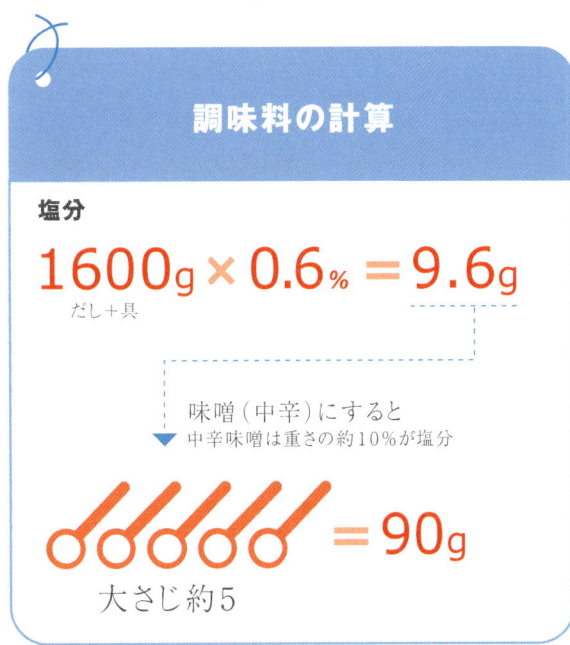

調味料の計算

塩分
1600g（だし＋具） × 0.6％ = 9.6g

味噌（中辛）にすると
中辛味噌は重さの約10％が塩分

= 90g
大さじ約5

材料と分量

豚ロース薄切り肉	120g
大根・里芋	各100g
人参・ごぼう	各50g
こんにゃく	1/2枚（100g）
油揚げ	1枚（30g）
長ねぎ	1/2本（50g）
だし	5カップ
味噌	大さじ5
サラダ油	大さじ1/2

つくり方

1 豚肉はひと口大に切ります。
2 大根、人参は皮をむいて乱切り、里芋は皮をむいて固くしぼった布巾で表面を強く拭いてぬめりをとり、ひと口大に切ります。
3 ごぼうはたわしでよく洗い、ひと口大の乱切りにし、水にさらします。
4 こんにゃくは塩でよくもみ、2〜3分茹でてからひと口大に、油揚げは熱湯で油ぬきをして2cm角に切ります。
5 鍋に油を熱して豚肉を炒め、大根、人参、ごぼう、こんにゃくを入れて炒め、油がまわったところで、だしをひたひたに注いで煮ます。10分くらいしたら里芋と油揚げを加えて、半量の味噌を溶き入れます。
6 野菜がやわらかくなってから残りのだしを加え、煮立ったらあくをとって、残りの味噌を入れます。最後に小口切りの長ねぎを入れ、味をととのえます。

昆布と煮干しのだし

材料と分量 4カップ分

水	4〜5カップ
だし昆布	10g（約10cm角）
煮干し	10g（約10尾）

＊煮干しは頭と腹わたをとり、ぬるま湯でさっと洗って使います。

つくり方

1 鍋に昆布、煮干し、水を入れて火にかけます。
2 煮立つ直前に昆布だけをとり出し、中火にして5分ほど煮てから、こします。

＊味噌汁や、野菜の惣菜風煮ものなどに使います。

昆布と削り節のだし

材料と分量 4カップ分

水	4カップ
だし昆布	10g（約10cm角）
削り節	12〜15g（約1カップ）

つくり方

1 鍋に昆布（しぼった布巾で拭き、2ヵ所に切り目を入れておく）と水を注ぎ、中火にかけます。
2 煮立つ直前に昆布をとり出し、削り節を入れて中心が静かにおどる火加減で40〜50秒煮出します。
3 あくをとって火を止め、削り節が沈んだらこします。

1 汁もの
ミネストローネ

洋風スープも和風のすまし汁と同じように、水分に対して0.6％の塩分を加えますが、
ミネストローネのように具だくさんのものは、材料とスープを合わせた重さに対して塩を加えます。
とりガラと香味野菜（人参・玉ねぎ・セロリ）でていねいにとったスープはもちろんおいしいのですが、
スープの素を使うときも、香味野菜を入れて煮立て、こすと味に深みが増します。
スープの素には約2gの塩分が入っているので、味つけはその分を控えます。
また、バターやチーズなど、塩けの多いものが入る場合も少し控えましょう。

チキンスープ
4カップ

塩小さじ2

スープ 0.6%

調味料の計算

塩分 1650g × 0.6% = 9.9g 約10g
スープ＋具

塩小さじ2

具だくさんのスープは水分と具を合わせた重さに対しての塩分を計算します。

材料と分量

玉ねぎ……200g	ショートパスタ……90g
人参……60g	サラダ油……大さじ2
じゃが芋……200g	バター……大さじ1
キャベツ……100g	チキンスープ……4カップ
セロリ……50g	塩……小さじ2
トマト……150g	胡椒……少々
にんにく（薄切り）……3枚	パルメザンチーズ……適宜

つくり方

1 玉ねぎ、人参、じゃが芋、キャベツ、セロリ、トマト（湯むきする）は、それぞれ1cmの角切り。
  じゃが芋は水にさらしてから、水けをきります。
2 鍋にサラダ油とバターを熱し、玉ねぎとにんにくをよく炒めます。
3 香りが出たらトマト以外の野菜を入れてひと混ぜし、蓋をして中火で15分ほど蒸し煮にします。
4 野菜のかさが半量くらいになったら、スープをひたひたに注ぎ、
  分量の1/2の塩（煮くずれを防ぐ）、トマト、パスタも加えて煮ます。
5 具がやわらかくなったら残りのスープ、塩、胡椒を入れ、もう一度味をみて、
  足りなければ、塩を加えます。パルメザンチーズを添えて食卓へ。
  （ブランデー小さじ1ほどを加えるとコクがでます）

ひとことアドバイス　火加減のこと

煮込み料理をするときは、ことに火加減に気を配ります。強火、中火、弱火は、鍋の大きさや具の分量にもよるので、
ガスのコックの開き加減で決めるのではなく、鍋の中の状態で判断します。
強火は、火が鍋底からはみ出さず、全体にとどいている状態、中火は、鍋の中心がふつふつと煮え、
ときには具がゆらっと動くこともあります。弱火は、鍋の中心が静かに動いている状態です。
煮立つまでは強火、煮立ったら中火にします。
あくが出たらていねいにすくいますが、あとはあまり鍋の中をいじらないようにします。
火加減が上手にできれば、水面から出ている材料にもちゃんと火が通り、味もつきます。
鍋を火にかけてしまったら、でき上がるまでは、火加減に気をつけながら、
ほかの料理をするもよし、家事をするもよし、上手に時間を使いましょう。

1 汁もの

かぼちゃのポタージュ

野菜類を煮てピュレ状にし、スープや生クリーム、牛乳でのばすポタージュスープ。
牛乳類を使ったものは、塩がききやすいので、塩分はふつうのスープの半量くらいに控えます。
スープの素を使うときは、4人分で塩1g（ひとつまみ）ほどに控えます。

基本の調味料（4人分）
スープ 2カップ
牛乳 1カップ
生クリーム 1/3カップ
塩 小さじ1/2弱

調味料の計算

塩分　850g（スープ＋具）× 0.6% ＝ 5.1g　約5g

▼ 牛乳類を使っているので塩分は1/2に

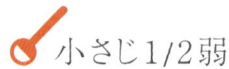 小さじ1/2弱

材料と分量

かぼちゃ……200g	牛乳……1カップ
玉ねぎ……50g	生クリーム……1/3カップ
サラダ油……大さじ1	塩……小さじ1/2弱
バター……大さじ1	胡椒……少々
スープ……2カップ	

つくり方
1 かぼちゃは皮をむいて、さいの目に切ります。
2 玉ねぎはみじん切りにします。
3 鍋にサラダ油とバターを熱して、玉ねぎをこがさないように炒めます。
4 かぼちゃを加えてさらに炒め、スープを入れ、やわらかくなるまで煮ます。
　裏ごすか、フードプロセッサーでなめらかにして鍋にあけ、弱火にかけます。
5 煮立ったら牛乳を加え、塩、胡椒で調味し、最後に生クリームを加えます。

スープ 0.6%

豆腐と青梗菜のスープ

豆腐が入ると水っぽくなるので、最後にしょう油で味をととのえます。

基本の調味料（4人分）
水3カップ	
塩小さじ1	
しょう油小さじ1	

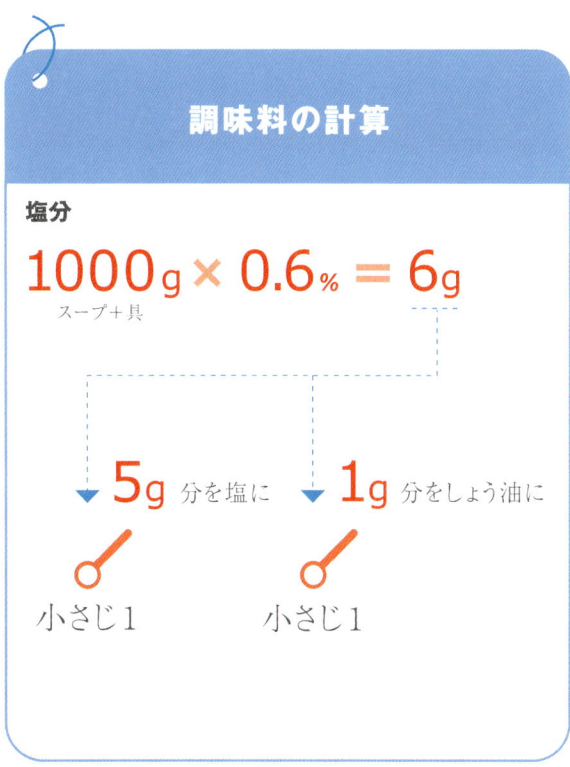

調味料の計算

塩分

$1000_g \times 0.6_\% = 6_g$
スープ＋具

▼ 5g 分を塩に　　▼ 1g 分をしょう油に

小さじ1　　　　　小さじ1

材料と分量
豆腐	1丁	チキンスープ（または水＋中華スープの素）	
たけのこ	100g		3カップ
青梗菜	100g	塩	小さじ1
きくらげ（乾）	大さじ1	しょう油	小さじ1
長ねぎ	1/2本	酒・ごま油	適宜
生姜	1片		

つくり方
1 豆腐は8〜10等分し、青梗菜は茹でて4cmに、きくらげは水で戻して細切りにします。
2 スープに斜め切りした長ねぎと、つぶして薄切りにした生姜を入れて煮立てます。
3 他の材料を入れて塩、しょう油、酒で味をととのえ、最後にごま油を落とします。

チキンスープのとり方

材料と分量 6カップ分
とりガラ	2羽分	玉ねぎ	100g
水	10カップ	セロリ	20g
人参	30g	ベイリーフ	1枚

つくり方
1 とりガラを大きくぶつ切りにして、たっぷりの熱湯にさっとつけて霜ふりにし、水にとり、血のかたまりなどを除き、きれいにします。
2 鍋に分量の水、とりガラ、野菜を入れて火にかけ、煮立ったら中心が静かにおどる程度の火加減にし、あくをとりながら蓋をせずに煮ます。
3 水分が6割くらいになるまで煮つめ、スープをこします。

青豆ご飯

ちょうどよい味つけをしたご飯に、ちょうどよい味の具を加えて炊くのが、炊き込みご飯をおいしくつくるコツです。
米は炊き上がりの重さに対して0.6％、具には重さの約1％の塩分を加えると、
炊き上がりは0.8％の塩分になります（具は汁けがなくなるまで煮ます）。
米と具それぞれに確かな味つけができれば、塩味の炊き込みご飯でも、しょう油味のご飯でも思いのままです。
米1カップ160ｇは炊き上がると400ｇになります。

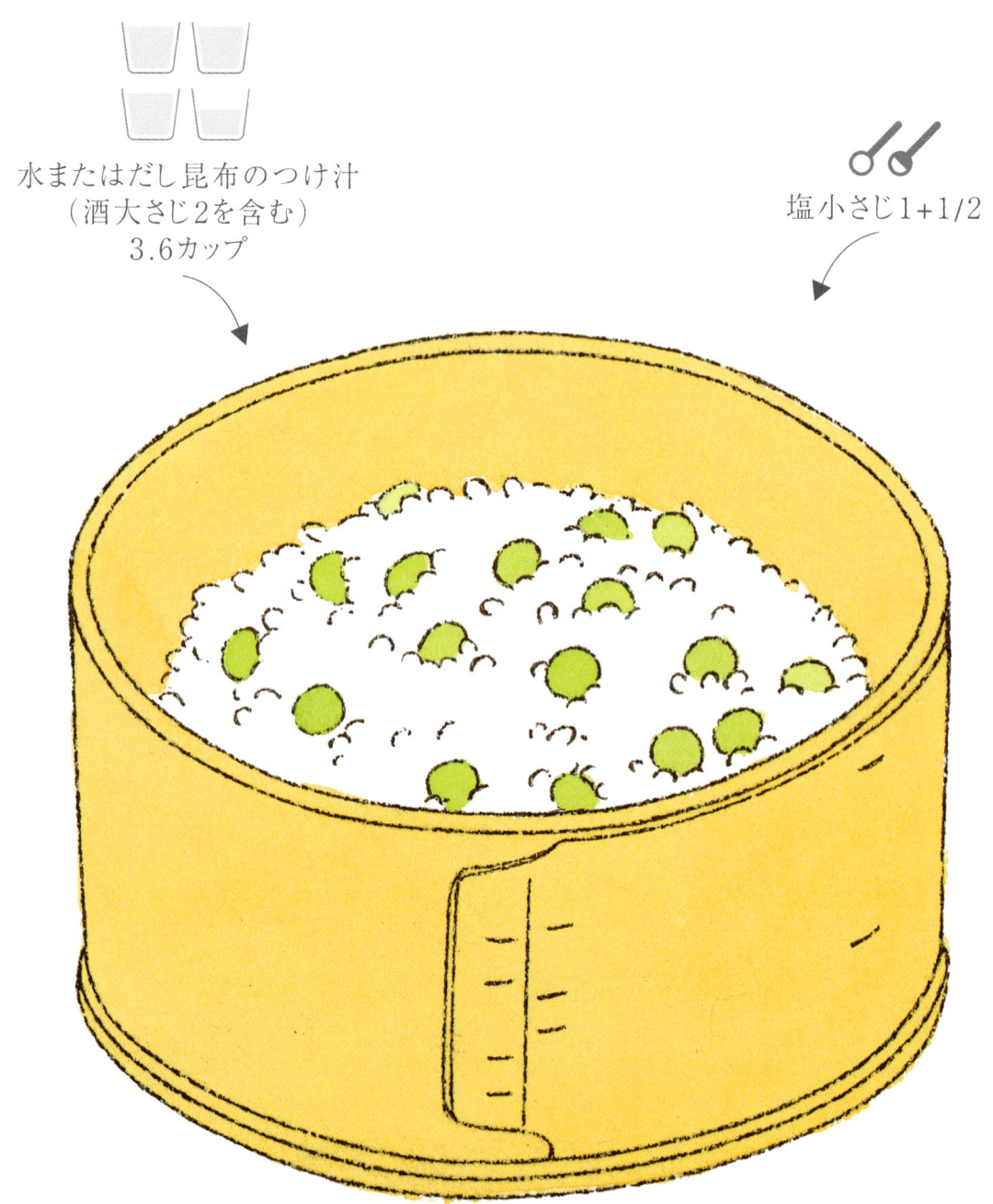

水またはだし昆布のつけ汁
（酒大さじ2を含む）
3.6カップ

塩小さじ1+1/2

炊き込みご飯 0.8%

炊き込みご飯の法則

水加減

米のかさの **1.2倍**　米 ： 水

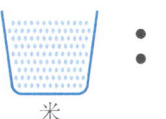

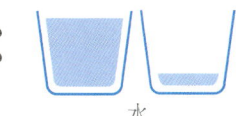

塩分

米 **1**カップに塩 **小さじ1/2**　米 ： 塩

調味料の計算

塩分　**1200g × 0.6% = 7.2g**　約 **7.5g**
米3カップの炊き上がり

塩 小さじ 1+1/2

材料と分量

米	3カップ
水またはだし昆布のつけ汁（酒大さじ2を含む）	3.6カップ
塩	小さじ1+1/2
グリーンピース	1カップ強
塩	小さじ1/4

つくり方

1 米は炊く30分以上前にといで、ざるに上げておきます。
2 グリーンピースは洗って塩をまぶします。
3 米は調味料を含めて水加減して炊きます。ふいてきたら手早くグリーンピースを入れ、さっと混ぜて蓋をします。炊き上がったら底から返すように混ぜて蒸らします。

ひとことアドバイス　具とご飯の関係

炊き込みご飯の具は、米1カップに1/3～2/3カップが適当です。
豆、栗、さつま芋ご飯など、入れる具が1品のときは、1/3ぐらいに控えます。
また、味のついたご飯といっしょにいただく汁ものは、ご飯の味より少し濃いめに味つけします。
ご飯のほうが味が濃いと、汁ものの味が感じられなくなってしまうためです。
ピラフやチャーハンに添える場合も同様に考えます。

2 ご飯

きのこご飯

味のベースがしょう油なので、塩分の計算をしてから、しょう油におきかえます。
はじめての人は、分かりやすい米3カップにきのこ100gで試してください。味つけの仕組みが実感できるでしょう。
塩分は米1カップに塩小さじ1/2の法則を使い、しょう油におきかえます。

水または昆布のつけ汁
（しょう油・酒各大さじ2を含む）
3.6カップ

塩小さじ1/3　　しょう油小さじ1

炊き込みご飯 0.8%

調味料の計算

米の塩分 1200g × 0.6% = 7.2g 約7.5g

▼ 1.5g分を塩に → 小さじ1/3強

▼ 6g分をしょう油に → 大さじ2

具の塩分 100g × 1% = 1g しょう油にすると ▶ 小さじ1
具（きのこ類）

材料と分量
- 米‥‥‥‥‥‥‥‥‥‥‥‥‥‥‥‥‥‥‥‥‥‥‥‥‥‥‥‥‥‥3カップ
- 水またはだし昆布のつけ汁（しょう油・酒各大さじ2を含む）‥‥‥‥3.6カップ
- 塩‥‥‥‥‥‥‥‥‥‥‥‥‥‥‥‥‥‥‥‥‥‥‥‥‥‥‥‥小さじ1/3
- きのこ類（しめじ、生椎茸）‥‥‥‥‥‥‥‥‥‥‥‥‥‥‥‥‥‥100g
- しょう油‥‥‥‥‥‥‥‥‥‥‥‥‥‥‥‥‥‥‥‥‥‥‥‥‥‥小さじ1
- 酒‥‥‥‥‥‥‥‥‥‥‥‥‥‥‥‥‥‥‥‥‥‥‥‥‥‥‥‥‥小さじ1
- 柚子の皮（せん切り）‥‥‥‥‥‥‥‥‥‥‥‥‥‥‥‥‥‥‥‥‥適宜

つくり方
1. 米は炊く30分以上前にといで、ざるに上げておきます。
2. しめじは石づきを落として小分けにします。生椎茸も石づきを落として5mm厚さに切ります。きのこをボウルに入れ、しょう油、酒をふりかけ、かるく混ぜ合わせておきます。
3. 米は調味料を含めて水加減して炊きます。ふいてきたら手早くきのこを加え、さっと混ぜて蓋をします。炊き上がったらひと混ぜして蒸らします。
4. 器に盛り、柚子の皮のせん切りを散らします。

味つけご飯の味つけ
みんな同じ7.5gの塩分です（米3カップに対して）

	塩	しょう油
塩味ご飯	小さじ1+1/2 = 7.5g	
薄い色のしょう油味ご飯	小さじ1 = 5g	小さじ2+1/2 = 塩分2.5g
濃い色のしょう油味ご飯	小さじ1/2 = 2.5g	大さじ1+2/3 = 塩分5g

しょう油小さじ1には1gの塩分、大さじ1には3gの塩分が含まれています。
しょう油だけを使うとかなり濃い色のご飯になるので、しょう油は塩分の2/3までにするとよいでしょう。
塩としょう油のおきかえを覚えると、一定した味でご飯の色を自在につけられるようになります。

栗ご飯

栗の季節に一度はつくりたいご飯、栗に下味をつけておくのが特長です。もち米を2割ほど
(米3カップならもち米は1/2カップ)混ぜると、粘りがでて冷めてもおいしいので、行楽弁当などにもよいでしょう。
もち米を混ぜるときの水加減は、白米だけで炊くときよりやや少な目にします。

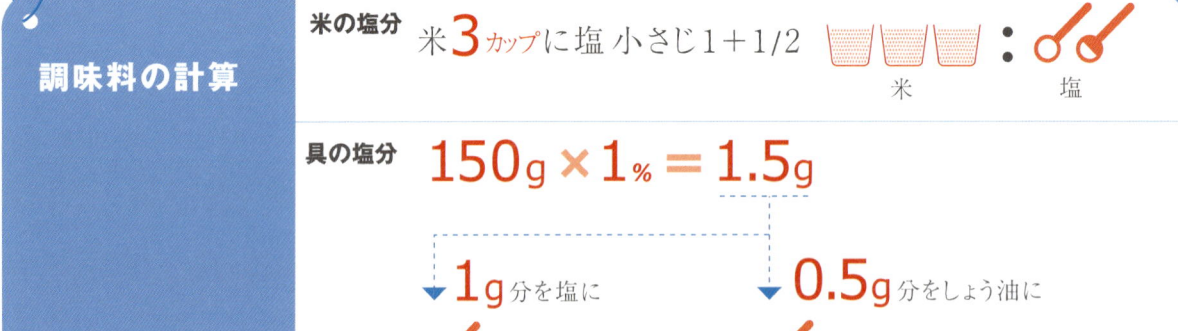

材料と分量
米...3カップ
水または昆布のつけ汁(酒大さじ2を含む)
....3.6カップ
塩...小さじ1+1/2
栗(皮つき)...........3カップ(正味150g)

A ┌ 塩..小さじ1/5
  │ しょう油...................................小さじ1/2
  │ みりん....................................小さじ2
  └ だし.......................................2/3カップ
三つ葉または柚子の皮................適宜

つくり方
1 米は炊く30分以上前にといで、ざるに上げておきます。
2 栗は熱湯で3分くらい茹でて冷水にとります。鬼皮と渋皮を包丁でむき、
  塩少々(分量外)を入れた水に放して30分以上おいてあくを抜きます。
  好みの大きさにきってAの調味料でやわらかく煮ます。
3 米は調味料を含めて水加減し、水分をきった栗を加えて炊きます。
  炊き上がったらひと混ぜして蒸らします。
4 器に盛って、三つ葉または柚子の皮などをあしらいます。

炊き込みご飯　0.8％

たけのこと油揚げのご飯

塩分の1/3を塩で、残りをしょう油で味つけして
炊き上げました。
とり肉などを入れてもおいしく仕上がります。

調味料の計算　塩分
米：3カップに　塩7.5g
2.5g分を塩に　小さじ1/2
5g分をしょう油に　大さじ1+2/3
具：150g×1％＝1.5g

材料と分量
米	3カップ
水または昆布のつけ汁	
（しょう油大さじ1+2/3・酒大さじ2を含む）	
	3.6カップ強
塩	小さじ1/2
茹でたけのこ（刻んで）	約1カップ
油揚げ	1枚（30g）
A　しょう油	小さじ1+1/2
みりん	小さじ1+1/2
だし	大さじ4
木の芽	適宜

つくり方
1. 米は炊く30分以上前にといで、ざるに上げておきます。
2. 茹でたけのこは薄い短冊切りか、いちょう切りにします。油揚げは熱湯を通して油ぬきし、縦に2等分して5〜6mm幅に切ります。
3. 鍋にたけのこと油揚げを入れ、Aで煮汁がほとんどなくなるまで煮ておきます。
4. 米は調味料を含めて水加減し、具を加えて炊きます。
5. 炊き上がったらひと混ぜして蒸らします。器に盛り、木の芽をあしらいます。

五目ご飯

具だくさんのご飯はそれだけでごちそうです。
具は汁けを残さないように煮ます。

調味料の計算　塩分
米：3カップに　塩7.5g
1.5g分を塩に　小さじ1/3
6g分をしょう油に　大さじ2
具：250g×1％＝2.5g

材料と分量
米	3カップ
水または昆布のつけ汁	
（しょう油・酒各大さじ2を含む）	
	3.6カップ
塩	小さじ1/3
具　とりむね肉	100g
油揚げ	1枚（30g）
人参	50g
ごぼう	50g
干し椎茸	3枚
しょう油	小さじ2+1/2
みりん	小さじ2+1/2
だし	大さじ5

つくり方
1. 米は炊く30分以上前にといで、ざるに上げておきます。
2. とり肉は薄くそぎ切り、油揚げは熱湯を通し、縦2等分して細切り。干し椎茸は戻して細切り（戻し汁は米を炊く水に使う）、人参は短冊切りに。ごぼうは細切りにし、水にさらしてあくをぬきます。
3. 具を鍋に入れ、しょう油、みりん、だしを加えて、煮汁がなくなるまで煮ます。
4. 米は調味料を含めて水加減し、具を煮汁ごと加えます。炊き上がったらひと混ぜして蒸らします。

おすし

巻きずし、いなりずし、ちらしずし……。どれも酢めしがおいしさを決めると言えるでしょう。酢めしの塩分も基本的には炊き込みご飯と同じ、米1カップに塩小さじ1/2ですが、味にしまりを出すためにやや多めにします。合わせ酢の配合を覚えれば、いつでも気軽につくれます。

酢大さじ4

材料と分量　米……………………………………………3カップ
　　　　　　　水またはだし昆布のつけ汁（酒大さじ2を含む）……3カップ
　　　　　　　合わせ酢┬塩………………………………小さじ1+1/2
　　　　　　　　　　　├酢………………………………大さじ4
　　　　　　　　　　　└砂糖……………………………大さじ1

ご飯 0.8％

砂糖大さじ１

塩小さじ１＋1/2

酢めしの法則

水加減
米と同かさ

米 ： 水

塩
米１カップに小さじ1/2

米 ： 塩

酢
米１カップに２０ｃｃ
（炊き上がりに約５％）

米 ： 酢

砂糖
米１カップに小さじ１（3g）

米 ： 砂糖

つくり方
1　米は炊く30分以上前にといで、ざるに上げておきます。
2　合わせ酢をつくります。
3　米を酒と昆布のつけ汁で水加減して炊きます。
4　蒸らして飯台にこんもりとあけます。上から合わせ酢を一気にまわしかけ、パパッと手早く広げ、合わせ酢を全体にふりかけ、しゃもじで切るように返しながら混ぜます。
5　うちわであおいで急速に冷ますと、余分な水分が飛び、ご飯につやがでます。

2 ご飯

ちらしずし

お祝いの日などに食卓がぱっと華やかになります。それぞれの具に味つけをしておきます。
具のとり合わせは好みでどうぞ。

材料と分量

酢めし	米3カップ分
かんぴょう（乾）	10g（戻して80g）
干し椎茸	3枚（戻して20g）
しょう油・砂糖・みりん	各大さじ1
塩分：100g×3％＝3g	しょう油大さじ1
糖分：100g×10％＝10g	砂糖大さじ1
あなご	200g
しょう油	大さじ1+1/3
砂糖・みりん	各小さじ2
塩分：200g×2％＝4g	
	しょう油大さじ1+1/3
糖分：200g×3％＝6g	砂糖小さじ2
人参	50g
塩	少々
蓮根	50g
塩	ひとつまみ
酢・だし	各大さじ2
砂糖	大さじ1
塩分：50g×1％＝0.5g（ひとつまみ）	
糖分：50g×2％＝1g砂糖小さじ1/3	
卵	2個
砂糖	小さじ2
塩	小さじ1/4
えび	4尾
塩	少々
さやえんどう（またはきゅうり）	適宜
炒りごま、酢どり生姜、青じそ、柚子の皮など	適宜

いなりずし 2%

つくり方
1 かんぴょうはぬらして塩（分量外）でかるくもみ、水で洗ってから、かぶるくらいの水で戻します。椎茸は水で戻して石づきをとります。
2 かんぴょうと椎茸を戻し汁ごと鍋に入れ、中火にかけます。かんぴょうが透き通ってきたら調味料を加え、中火で汁けがなくなるまで煮ます。
3 かんぴょうをとり出し、火にかけたまま椎茸に砂糖小さじ1（分量外）をかけ、つやよく煮からめます。
4 あなごは素焼きにしてから、しょう油、砂糖、みりんをからませ、食べやすい大きさに切ります。
5 青じそは細切り、酢どり生姜、柚子の皮はせん切りにします。
6 酢めしにかんぴょう、椎茸と炒りごまを混ぜます。
7 人参はいちょう切りにして塩茹でし、蓮根は薄く切って酢水で茹で、甘酢につけます。
8 えびは頭と殻、背わたをとり、さっと塩茹でします。
9 卵に砂糖と塩を加えて混ぜてこし、薄く焼いて細切りにし、錦糸卵をつくります。酢めしに、具と甘酢漬けの生姜などをかざります。

調味料の計算

塩分 $500_g \times 2\% = 10_g$
油揚げ+だし

→ 4g分を塩に　小さじ1弱
→ 6g分をしょう油に　大さじ2

糖分 $500_g \times 7\% = 35_g$
油揚げ+だし

→ 砂糖大さじ4弱

いなりずし

酢めしがおいしくできるようになったら、いなりずしも気軽につくれます。油揚げは油ぬきをていねいにすると味がしみやすくなります。中につめる酢めしは、卵大1個＝約50gがめやすです。

基本の調味料（油揚げ10枚分）
だし1カップ
塩小さじ1
しょう油大さじ2
砂糖大さじ4
みりん大さじ4

材料と分量　いなりずし20個分
酢めし	米3カップ分
油揚げ	10枚（300g）
だし	1カップ
塩	小さじ1弱
しょう油	大さじ2
砂糖	大さじ4
みりん	大さじ4
白ごま	大さじ1〜2
柚子の皮	適宜

つくり方
1 油揚げは半分に切り、開いて袋にします（切る前に表面にめん棒などをかるくころがしておくと、開きやすくなります）。
2 煮立った湯の中で5分ほど茹でて油ぬきをし、ざるにとります。
3 鍋に調味料と油揚げを入れ、落とし蓋をして強めの中火にかけます。煮立ったら中火にして、汁が少し残る程度まで煮つめます。
4 酢めしに炒った白ごま、刻んだ柚子の皮を混ぜます。
5 酢めしを卵大にかるくにぎり、油揚げにつめます。向きを変えながら入れると、かたよりなくつめられます。口を折り入れ、形をととのえます。

2 ご飯

親子丼

浅鍋に調味料と玉ねぎ、とり肉を入れて煮立て、卵を2回に分けてふわっと回しかけます。
丼ものはご飯の分量が多いので、具は少し濃い目に味つけします。親子丼など煮込む具は塩分1.2%、ビビンバ丼など、ほかに茹でたり生の野菜を盛り合わせる場合は、1.5%ぐらいの塩分がほどよい味です。

基本の調味料（4人分）
だし1カップ
しょう油大さじ4
みりん大さじ2+1/2
砂糖大さじ1+1/2
酒大さじ1弱

調味料の計算

塩分 1000g（だし+具）× 1.2% = 12g

→ しょう油にすると 大さじ4

材料と分量

ご飯	4人分	だし	1カップ
とりもも肉（そぎ切り）	250g	しょう油	大さじ4
玉ねぎ（薄切り）	250g	みりん	大さじ2+1/2
卵	4〜6個	砂糖	大さじ1+1/2
三つ葉	適宜	酒	大さじ1弱

つくり方

1. 鍋にだしと調味料を入れ、とり肉と玉ねぎを加えて火にかけます。
2. 煮立ったら溶き卵の2/3量を流し入れ、三つ葉を加えます。
3. 全体に火が通ったら、残りの卵を流し入れ、ふわっとしたら火を止めます。1人分ずつ丼に盛ったご飯の上にかけます。

味つけご飯 1.2％

五目やきめし

肉には塩分2％、ご飯と具には1％の味つけをしておきます。

基本の調味料
豚肉 しょう油 大さじ1
　　 砂糖 大さじ1/2
ご飯と具 塩 小さじ1
　　 しょう油 大さじ2
　　 酒 大さじ2

材料と分量

ご飯（ほぐして）	600g
豚肉（ブロック）	150g
A ┌ しょう油	大さじ1
│ 砂糖	大さじ1/2
└ 生姜汁	少々
干し椎茸	4枚
ピーマン	2個（100g）
長ねぎ	1/2本（50g）
卵	4個（200g）
かに（缶詰）	100g
サラダ油	大さじ6
塩	小さじ1
しょう油	大さじ2
酒	大さじ2
ごま油	少々

つくり方

1. 豚肉はさいの目に切って、Aの調味料をかけ、椎茸は水で戻して角切りにしておきます。
2. ピーマンは1cm角に切り、長ねぎは小口切りにします。
3. 鍋にサラダ油を熱し、卵を流し入れて大きくかき混ぜ、いったん皿にとり出します。
4. 同じ鍋で肉を炒め、かに、ピーマン、椎茸を入れて炒めます。
5. ご飯をほぐしながら入れて炒め、調味料を加えます。卵を入れて大きく返しながら炒め、長ねぎを混ぜ入れて、最後にごま油を少々ふりかけます。

調味料の計算

塩分
$150g \times 2\% = 3g$
豚肉　　　　　　しょう油にすると
→ 大さじ1

$1100g \times 1\% = 11g$
ご飯+具

↓5g分を塩に　↓6g分をしょう油に
小さじ1　　　大さじ2

糖分
$150g \times 3\% = 4.5g$
豚肉

→ 砂糖大さじ1/2

野菜ソースのスパゲッティ

パスタを茹でるには、100gのパスタに対して1リットルの熱湯がめやすです。そこに0.8％の塩、つまり1リットルに8g（約大さじ1/2）の塩を加えて茹でます。茹で時間はパッケージの表示をめやすに、少し手前で食べてみます。ちょうどよい塩加減に茹で上げたパスタを、塩分1％のちょうどよい味に仕上げたソースで、タイミングよく和えることが、おいしさの秘訣です。
なす、ピーマン、玉ねぎ、トマト、人参……台所にある野菜を小さく切って炒め、
茹でたてのスパゲッティを加え、手早く和えます。パスタはタリアテッレでもマカロニでもどうぞ。

パスタ 0.8％

調味料の計算

茹で湯の塩分
4 リットル ＝ 塩大さじ2

具の塩分
600g × 1％ ＝ 6g ---▶ 塩小さじ1強

材料と分量

- スパゲッティ……………………………400g
- 塩…………………………………………大さじ2
- トマト……………………………中2個（200g）
- ズッキーニ………………………… 1本（250g）
- 生椎茸……………………………………大4枚
- ハム………………………………………100g
- 玉ねぎ（みじん切り）…………………大さじ2
- にんにく（みじん切り）………………大さじ2
- 赤唐辛子…………………………………1/2本
- パセリ（みじん切り）…………………小さじ2
- オリーブ油………………………………大さじ2
- バター……………………………………大さじ2
- 白ワイン…………………………………大さじ3
- 塩…………………………………………小さじ1
- 胡椒・パルメザンチーズ………………適宜

つくり方

スパゲッティを茹でる
1 湯4リットルを沸かし、塩大さじ2を入れます。
2 スパゲッティを茹でます。

ソースをつくる
1 トマトは皮を湯むきして5mm角くらいに切ります。ズッキーニ、椎茸、ハムも同じように切ります。
2 赤唐辛子は水につけて戻し、種を抜いて小口切りにします。
3 鍋にオリーブ油とバターを熱し、玉ねぎ、にんにく、赤唐辛子、パセリを入れてよく炒めます。玉ねぎがしんなりしてきたら白ワインをふり入れ、少し煮詰めます。
4 そこに残りの野菜とハムを入れて炒め、塩、胡椒で味をととのえます。
5 茹でたてのスパゲッティを入れ、手早く和えます。好みでパルメザンチーズをかけてもいいでしょう。

ペンネのブロッコリーソース

ひとつの鍋で、はじめにペンネ、追ってブロッコリーを茹であげてしまう手際のいい料理です。
アンチョビーは塩けがきくので、ソースは味をみて塩を加えます。ペンネとブロッコリーが茹で上がったとき、
ソースが同時にでき上がるようにタイミングを揃えるのがポイントです。

パスタ 0.8％

調味料の計算

茹で湯の塩分

4 リットル ＝ 塩大さじ2

材料と分量
- ペンネ……………………………400g
- 塩……………………………大さじ2
- ブロッコリー……………………………400g
- にんにく（薄切り）……………………12枚
- 赤唐辛子……………………………2本
- アンチョビー（フィレ）……………………4枚
- 生クリーム……………………………大さじ6
- オリーブオイル……………………カップ1/2

つくり方
ペンネとブロッコリーを同じ鍋で茹でる
1 鍋に4リットルの湯を沸かし、塩大さじ2を入れます。
2 ブロッコリーは小房に分けます。
3 湯が沸いたらペンネを入れ、ペンネが茹だったら、一度ざるにあけて水けをきります。
4 湯を1リットル（分量によって加減）、塩大さじ1（分量外・湯に応じて足す）を加え、続いてブロッコリーを茹でます。
＊ブロッコリーは煮くずれるくらいやわらかくしたほうがソースとよくからまります。

ソースをつくる
1 赤唐辛子は水につけて戻し、種を抜いて2～3つに切ります。アンチョビーは小さく切ります。
2 鍋にオリーブオイルを熱し、にんにく、赤唐辛子を炒めます。香りが出てきたらアンチョビーを加えてよく炒めます。
3 そこに茹でたてのペンネとブロッコリーを入れ、生クリームも入れて和えます。最後に味をととのえます。

4 煮もの

厚揚げ入り肉じゃが

味つけの法則がいちばん活躍するのが和風の煮ものです。材料の下ごしらえ、
計量、調味料の計算、火加減、この4つのポイントをおさえれば、
だれでも上手に煮ものができること間違いありません。
ご飯にぴったり合う煮ものの塩分は、材料の重さの1.5％、砂糖は2％、だしは材料の1/2量です。

みりん 大さじ2+1/2

砂糖 約大さじ2+1/2

だし カップ3

塩 小さじ2

しょう油 大さじ3

煮もの 1.2〜1.5%

煮ものの法則

	塩分	砂糖
	材料の重さの **1.5%**	材料の重さの **2%**
	みりん	だし
	砂糖と同かさ	材料の重さの **1/2** 量

材料や煮汁の分量によって塩分、糖分の割合は変わるので、次ページを参考にしてください

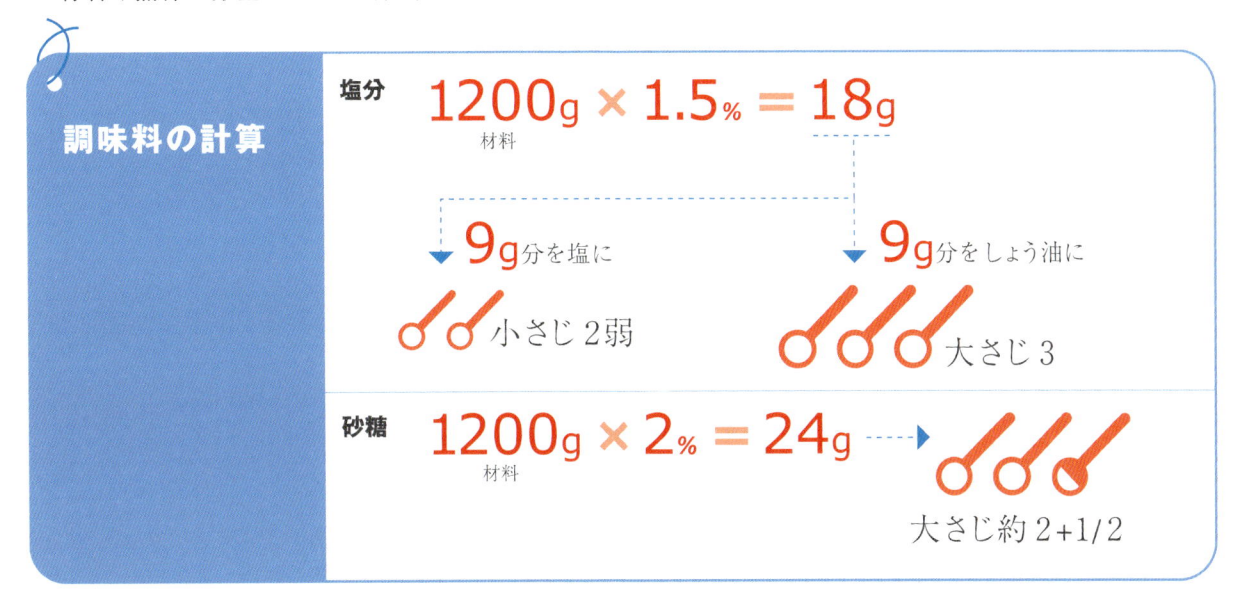

調味料の計算

塩分 1200g（材料）× 1.5% = 18g

→ 9g分を塩に　小さじ2弱
→ 9g分をしょう油に　大さじ3

砂糖 1200g（材料）× 2% = 24g → 大さじ約 2+1/2

材料と分量

牛肉または豚肉（薄切り）	200g
じゃが芋	3個（300g）
玉ねぎ	2個（300g）
厚揚げ	200g
しらたき	200g
絹さや	適宜
だし	3カップ
しょう油	大さじ3
塩	小さじ2弱
砂糖・みりん	各大さじ2+1/2

つくり方

1 じゃが芋は大きめの乱切りにして、水に放します。玉ねぎはくし切りにします。
2 厚揚げは熱湯をかけて油ぬきし、4つに切ります。
3 しらたきは塩少々（分量外）をふって、熱湯で1分茹で、冷水にとって水けをきり、食べやすい長さに切ります。
4 鍋に肉を入れて弱火にかけ、徐々に火を強くしていき、肉の色が変わってきたら裏返して、だしを加えて煮ます。途中、あくをていねいにとります。
5 煮立ったら、じゃが芋、玉ねぎ、人参、厚揚げ、しらたきを材料ごとにまとめて入れ、ぐつぐつしてきたら調味料を加えて強火にします。煮立ってきたら中火にし、25分くらいでおいしく煮えます。あら熱がとれたら器に盛り、茹でた絹さやを添えます。

ひとことアドバイス

煮ものは栄養バランスがよく、手軽で飽きがこない家庭料理の代表。鍋に旬の材料を並べ、だしと調味料でぐつぐつ煮ます。このとき鍋の中は、どの瞬間も"おいしそう"の連続。できたかな？と思って火を止めても、ふた呼吸ほどおくと、味がふわっと広がり、おいしさが増します。

野菜の煮ものの味つけ

1 素材に対する塩分の割合

塩分 　**1%** うす味　　**1.5%** ふつう　　**2%** 濃い味（常備菜など）

材料の香りを生かして色をつけないで煮たいときは塩だけで、
しょう油の香りと色をつけて煮たいときはしょう油だけで煮ます。
中間の色で煮たいときは、塩としょう油の両方を使います。

2 材料に対する砂糖の割合

糖分 　**2-3%** ふつう　　**5%** やや甘め　　**10%** 甘露煮

しょう油との割合で覚えるめやす
塩味を全部しょう油でつける場合です。

しょう油	砂糖	
1	1	すしの干ぴょう、椎茸など 甘辛いもの
1	2/3	蕗、ごぼうなどの甘辛煮（照り焼きのたれ）
1	1/2	かぼちゃ、芋など甘めの煮もの
1	1/3 - 1/4	野菜、魚などふつうの煮もの
1	1/5	香りのある素材のもち味を生かすもの

煮もの上手の4つのポイント

煮ものをつくる過程には、どんな料理にも共通する急所が含まれています。

1 ていねいな下ごしらえ

里芋
1 たわしで泥を洗い落とし、乾かす。縦方向に"すーっ"と一息に皮をむき、上下を浅く切り落とす。煮ころがしにするときは、横方向にくるくる回しながらむくと煮くずれしにくい。
2 固くしぼった布巾で強く拭き、表面のぬめりをとる。

蓮根
1 洗って皮をむく。あくが強く、空気にさらすと色がかわるので、切ったらすぐに酢水（水1カップに酢小さじ1）につけておく。
2 厚さ1cmに切る（太いものは縦半分に切ってから）。

ごぼう
1 たわしで泥を洗い落とし、料理に応じて切る。
2 あくが強いので、切ったらすぐに酢水（水1カップに酢小さじ1）につけ、使う前にさっと洗う。

かぼちゃ
1 スプーンで種とわたを除き、櫛形に切って2～3つに切る。
2 面とり（皮むき器を使うと便利）をしたり、薄い塩水（0.8％）に少しつけて実をしめると煮くずれしにくい。

干し椎茸
1 ひたひたの水につけて充分に戻す（つけ汁はよいだしが出るので、煮ものや汁ものに使う）。
2 石づきをとり、料理に応じて切る。

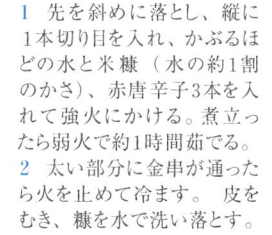

たけのこ
1 先を斜めに落とし、縦に1本切り目を入れ、かぶるほどの水と米糠（水の約1割のかさ）、赤唐辛子3本を入れて強火にかける。煮立ったら弱火で約1時間茹でる。
2 太い部分に金串が通ったら火を止めて冷ます。皮をむき、糠を水で洗い落とす。

蕗
1 葉を落とし、鍋に合わせて3つくらいに切る。洗ってまな板にのせ、塩（1～2％）をふって、両手で前後にころがし、板ずりする。
2 たっぷりの湯を沸かし、太い方から順に入れ、茎が弓状に曲がるようになったら水にとって皮をむき、さらす。

こんにゃく
1 塩をまぶしてよくもみ、熱湯で2分ほど茹でてあくを抜き、ざるにとる。煮ものには、手でちぎったりコップの口で切るなどして使う。
2 手綱（たづな）こんにゃくは、約8mm厚さに切り、中央に縦1cmほどの切り目を入れ、片側をくぐらせる。

2 調味料の計量

塩分	材料の重さの1.5％
砂糖	材料の重さの1.5～2％
みりん	砂糖と同かさ

3 煮汁は材料にひたひた

だしは、材料をやわらかくするのと同時にうま味を加え、味を和らげます。
煮汁をあまり残さず仕上げるものは材料に対して「ひたひた」の水分を加え、おでんのように煮汁もいっしょに食べるうす味の煮ものは、材料がたっぷり「かぶるほど」の水分で煮上げます。
ひたひた＝材料の重さの1/2
かぶるほど＝材料の重さと同量
材料の1/2量のだしを注ぐと、材料がだしの表面に少し頭を出すくらいになります。

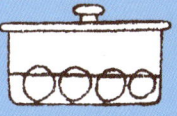

ひたひた　　かぶるほど

4 上手な火加減

1 鍋を火にかけ、蓋をして煮立つまでは強火。
2 一度煮立ったら中火（鍋の中心が静かにおどる程度の火加減）にします。

4 煮もの／塩だけで煮る・しょう油だけで煮る

いろいろ野菜の同時煮 塩だけで白く煮る

塩だけで白く煮る、しょう油だけで色濃く煮る―同じ塩分の味つけでも、塩としょう油の使い分けで、色も風味も違った煮ものになります。ここでは、塩としょう油のおき換えをしっかり覚えましょう。

調味料の計算

塩分	1000g（材料）× 1.5% = 15g	→ 塩大さじ1
砂糖	1000g（材料）× 2% = 20g	→ 大さじ2強
みりん	砂糖と同かさ	→ 大さじ2強
だし	材料の1/2の重さ	→ 2.5カップ

材料と分量　材料合計1Kg

里芋	200g	塩	大さじ1
蓮根	100g	砂糖	大さじ2
かぼちゃ	300g	みりん	大さじ2
高野豆腐	2〜3枚（戻して200g）	だし	2.5カップ
人参	200g	しょう油（香りづけ）	小さじ1

つくり方

1 里芋は洗って乾かしてから皮をむき、大きいものは2〜3つに切ります。蓮根は皮をむいて1cm厚さの輪切りにし、酢水につけます。かぼちゃは大きめの一口大に切り、かるく面とりをします。高野豆腐は湯につけて戻し、両手の平ではさんで水けをきり、1枚を4つくらいに切ります。人参は皮をむいて1cm厚さの輪切りにし、面とりをします。下ごしらえができたら、鍋に材料ごとにまとめて入れます。
2 調味料をまわし入れ、だしを「ひたひた」に注ぎます。
3 鍋を強火にかけて蓋をします。煮立ったら、鍋の中心が静かにおどるくらいの火加減にして煮ます。
4 野菜がやわらかくなったら（火が通りにくい蓮根で確かめるとよい）、最後に香りづけのためのしょう油を落としてひと煮します。

煮もの 1.5%

しょう油だけで黒く煮る

調味料の計算

塩分	500g（材料）× 1.5% = 7.5g	▶ しょう油大さじ 2 + 1/2
砂糖	500g（材料）× 2% = 10g	▶ 大さじ 1 強
みりん	砂糖と同かさ	▶ 大さじ 1 強
だし	材料の 1/2 の重さ	▶ 1.2 カップ

材料と分量
ごぼう……………………………250g
干し椎茸………………4枚（戻して50g）
こんにゃく………………………200g
しょう油……………………大さじ 2 + 1/2
砂糖………………………………大さじ 1
みりん……………………………大さじ 1
だし……………………………1.2カップ

つくり方
1 ごぼうはたわしで泥を落とし、1cm厚さの斜め切りにして酢水に放します。
　椎茸は戻して大きいものは一口大に切ります。
　こんにゃくは塩でもんでから茹で、手綱にします。鍋に材料ごとにまとめて入れます。
2 調味料を材料にまわしかけ、だしは上から「ひたひた」に注ぎます。
3 鍋に蓋をして強火にかけます。煮立ったら、
　鍋の中心が静かにおどるくらいの火加減で煮ます。

49

4 和風の煮もの

筑前煮

とり肉と根菜を炊き合わせた、うま味たっぷりのお惣菜。とり肉には下味をつけておきます。

材料と分量

┌ とりもも肉	200g
└ しょう油・みりん	各小さじ2
里芋	200g
人参	50g
蓮根	100g
ごぼう	100g
こんにゃく	1枚（200g）
干し椎茸	5枚（戻して50g）
サラダ油	大さじ2
しょう油	大さじ3+1/2
砂糖・みりん	各大さじ2
だし	2カップ
さやえんどう	適宜

つくり方

1. とり肉は一口大に切り、しょう油とみりんで下味をつけておきます。
2. 里芋は洗って乾かしてから皮をむき、1個を2〜3つに切ります。人参は乱切り、ごぼうと蓮根も乱切りにしてそれぞれ酢水に放してあくをぬいておきます。こんにゃくは塩もみしてから1〜2分茹で、一口大にちぎります。
3. 干し椎茸は戻して石づきをとり、一口大に切ります。
4. 鍋に油を熱し、とり肉を入れて表面の色が変わるまで炒め、とり出します。
5. 残りの材料を入れて炒め、調味料とだしを加え、蓋をして強火にかけます。煮立ったら中火にします。6〜7分したらとり肉を加え、あくをとりながらときどき上下を返し、煮汁が少し残るくらいまで煮ます。彩りに色よく茹でたさやえんどうを散らします。

調味料の計算

塩分

$200g \times 1\% = 2g$ （とり肉の下味）
→ しょう油小さじ2

$700g \times 1.5\% = 10.5g$ （野菜）
→ しょう油大さじ3+1/2

砂糖

$900g \times 2\% = 18g$ （肉＋野菜）
→ 大さじ約2

みりん

砂糖と同かさ → 大さじ約2

だし

材料の重さの 1/2 → 2カップ

煮もの 1.2〜1.5％

大根と豚肉の煮もの

材料と分量
大根	400g
こんにゃく	1枚（200g）
豚肉（薄切り）	200g
だし	2カップ
塩	小さじ1
しょう油・砂糖・みりん	各大さじ2
さやいんげん	適宜

つくり方
1 大根は1.5cm厚さの輪切りにして、皮をむきます。
2 こんにゃくは塩でもみ、熱湯に入れて2分ほど茹で、水で洗って大切りにします。
3 豚肉は一口大に切ります。
4 鍋を火をかけ、豚肉を入れて徐々に火を強くし、炒めてとり出します。
5 その鍋に大根とこんにゃくを入れ、だしと調味料を入れて煮ます。煮立ったら中火で20分ほど煮たところで豚肉を加え、さらに20分ぐらい煮ます。
6 さやいんげんを色よく茹で添えます。

ひとことアドバイス
鍋の大きさは、材料を入れたとき、かさが鍋の1/3〜2/3くらいが適当です。大切りの肉や野菜にはスープをたっぷり注いでじっくり煮込むときは深めの鍋、材料を小さく刻んだときは浅鍋を使います。蓋は、青菜を茹でるとき、だしやスープをとるとき以外は、ほとんどの場合に使います。だしが多めのときは落とし蓋だけを、少ないときは、さらに蓋（"きせ蓋"といいます）をします。

調味料の計算

塩分 $800g_{材料} × 1.5\% = 12g$
- 6g分を塩に → 小さじ1強
- 6g分をしょう油に → 大さじ2

砂糖 $800g_{材料} × 2\% = 16g$
→ 大さじ2弱

みりん 砂糖と同かさ → 大さじ2弱

だし 材料の重さの1/2 → 2カップ

4 煮もの

おでん

たっぷりのだしで、煮汁までいただくものは、だしと材料を合わせて0.8％の塩分で、薄味に仕上げます。約2kgの材料、2リットルのだしに、煮ものの法則どおりに調味料を加えます。
「おでんが食べたいな」と思った日の朝に準備をすれば、夜はよく味のしみたおでんができ上がります。

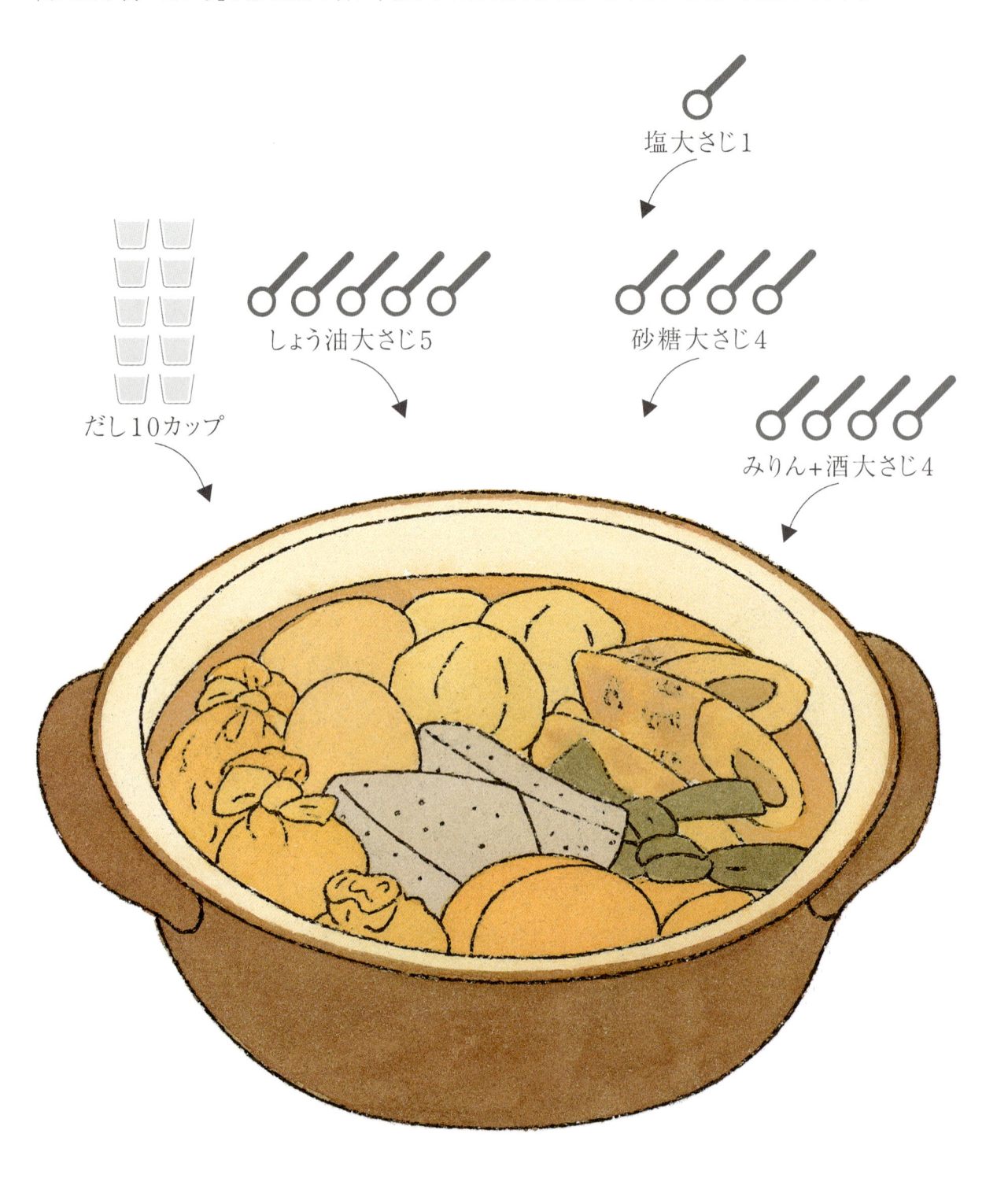

- だし10カップ
- しょう油大さじ5
- 塩大さじ1
- 砂糖大さじ4
- みりん＋酒大さじ4

おでん　0.8％

材料と分量

煮汁 ─ 水‥‥‥‥‥‥‥‥‥‥‥‥‥10カップ強
　　├ 昆布（3cm×15cm）‥‥‥‥‥‥‥8枚
　　├ 削り節‥‥‥‥‥‥20〜30g（約2カップ）
　　├ しょう油‥‥‥‥‥‥‥‥‥‥‥大さじ5
　　├ 塩‥‥‥‥‥‥‥‥‥‥‥‥‥‥大さじ1
　　└ 砂糖・みりん（酒と合わせて）‥‥各大さじ4
大根‥‥‥‥‥‥‥‥‥‥‥‥‥‥1/2本（800g）
里芋‥‥‥‥‥‥‥‥‥‥‥‥‥‥4〜6個（300g）
こんにゃく‥‥‥‥‥‥‥‥‥‥‥‥1枚（200g）
ちくわ‥‥‥‥‥‥‥‥‥‥‥‥‥‥1本（200g）
卵‥‥‥‥‥‥‥‥‥‥‥‥‥‥‥‥4個（200g）
ふくさ ─ 油揚げ‥‥‥‥‥‥‥‥‥‥2枚（70g）
　　├ とり挽肉‥‥‥‥‥‥‥‥‥‥‥‥60g
　　├ しらたき‥‥‥1/4玉（下茹でして3cmに切る）
　　├ 人参、茹で筍（せん切り）‥‥‥‥各30g
　　├ 干し椎茸（戻して薄切り）‥‥‥‥‥1枚
　　├ しょう油、みりん‥‥‥‥‥‥各小さじ2
　　├ 水‥‥‥‥‥‥‥‥‥‥‥‥大さじ1〜2
　　└ かんぴょう‥‥‥‥‥‥‥‥60〜70cm

下準備

里芋　洗って乾かし、皮をむきます
　　　（大きいものは一口大に切ります）。
大根　2〜3cmの厚さの輪切りか半月切りにして皮を
　　　むき、裏側に十文字の切り目を入れ、面とりを
　　　します。大根と一緒に米（大さじ1ほどをガーゼに
　　　包んで）を鍋に入れ、たっぷりの水を加えて、
　　　大根がすき通るまで茹でます。
こんにゃく
　　　塩でもみ、2〜3分茹で、大切りにします。
卵　　固く茹で（約10分）殻をむきます。
ふくさ　油揚げは横2つに切って開き、湯通しします。
　　　具に調味料を加え、汁けがなくなるまで炒り
　　　煮にします。4等分して油揚げに入れ、塩で
　　　もみ洗いしたかんぴょうで口をしばります。

つくり方

1 昆布を水に10分くらいつけます。
2 昆布がやわらかくなったら結び、つけ汁に水を足して10カップ強にして火にかけます。
　煮立ったら削り節を入れ、再び煮立ってきたら中火にし、あくをとって布巾でこし、調味料を加えます。
3 浅めの大きい鍋に大根、こんにゃく、結び昆布を入れ、2の煮汁をかぶるくらい注いで煮はじめます。
4 ふくさ、卵、里芋を順に加えていきます。最後に斜め4つ切りにしたちくわを入れ、
　残りの煮汁も加えてゆっくり煮含めます。
5 それぞれの材料に味がよくしみたところで、練り辛子を添えて食卓に。

調味料の計算

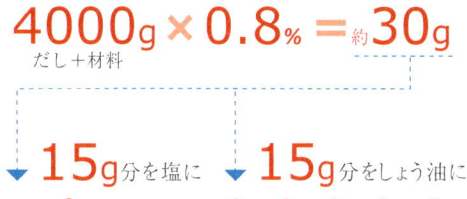

塩分

4000_g（だし＋材料）× 0.8% ＝ 約 30_g

↓ 15_g分を塩に　　↓ 15_g分をしょう油に
大さじ1　　　　　　大さじ5

砂糖

4000_g（だし＋材料）× 1% ＝ 40_g

大さじ約4強

みりん

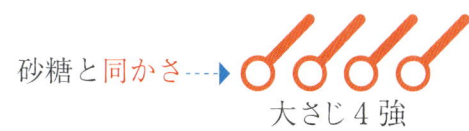

砂糖と同かさ → 大さじ4強

だし

材料の重さと同量

10カップ

4 洋風煮もの

いわしと野菜の蒸し煮

魚を3%の塩水で洗い、薄く小麦粉をつけてソテーしてから煮込みます。
この方法はとり肉や豚肉にも応用でき、冷めてもおいしくいただけます。

塩小さじ3/5（いわし）
塩小さじ1（野菜）

調味料の計算

塩分 300g（魚）× 1% ＝ 3g ▶ 塩小さじ3/5

500g（野菜）× 1% ＝ 5g ▶ 塩小さじ1

材料と分量

いわし（大きめのもの）……4尾（正味300g）	茄子……………………………中2個（150g）
塩…………………………………………小さじ3/5	サラダ油（オリーブ油でも）……………大さじ2
胡椒………………………………………………少々	にんにく（みじん切り）…………………小さじ1
小麦粉（ふるって）………………………………適宜	セージ……………………………………………適宜
玉ねぎ……………………………………………50g	赤ワイン………………………………1/4カップ
じゃが芋………………………………中3個（200g）	バター……………………………………大さじ1
緑ピーマン……………………………中1個（50g）	塩…………………………………………小さじ1
赤ピーマン……………………………中1個（50g）	胡椒………………………………………………少々

下準備

いわし　うろこと頭を落とし、腹わたをぬいて3%の塩水（分量外）で洗い、1尾を3つくらいの
　　　　ぶつ切りにして、塩、胡椒します。
玉ねぎ　みじん切りにします。
じゃが芋　1.5cmの角切りにして、水に放します（さっと茹でておくと短時間で仕上がります）。

煮もの 1%

ピーマン　種をとって1.5cm角に。
茄子　　　1.5cm角に切って、かるく塩をして水分が
　　　　　出たら布巾で押さえてとります。

つくり方
1 鍋に油を入れて、弱火にかけます。いわしの水けを
　ふいて一切れずつ薄く小麦粉をつけ、鍋に入れます。
2 にんにくとセージを入れて火を強めます。
　いわしの両面をよい色に焼いたらワインをふりかけ、
　少し煮つめてから、いわしをいったんとり出します。
3 同じ鍋にバターを溶かし、玉ねぎを中火でよく炒めます。
　香りがしてきたら、じゃが芋を入れて炒めます。
4 ピーマン、茄子を加えて炒め、野菜に火が通ったら
　塩、胡椒して5〜6分煮込みます。
5 鍋の中身がとろりとしたところにいわしを戻し入れ、
　さらに5〜6分煮て味をととのえます。
　盛りつけてから好みでパセリを散らします。

とり肉のトマト煮込み

スープのかわりにトマトの水煮を使った、
トマト煮込みの基本の一品です。

入れる調味料
とり肉　塩小さじ1
野菜　　塩小さじ1

材料と分量
とり骨つきぶつ切り肉……………………700g
塩……………………………………………小さじ1
胡椒・小麦粉（ふるって）…………………適宜
ピーマン（赤、黄、緑合わせて）…………150g
マッシュルーム……………100g（レモン汁少々）
小玉ねぎ……………………………………200g
玉ねぎ………………………………………50g
トマト水煮（缶）……………………………2カップ
サラダ油……………………………………大さじ3
バター………………………………………大さじ1〜2
にんにく（みじん切り）……………………小さじ2
ローズマリー（あれば）……………………1本
ベイリーフ…………………………………1枚
白ワイン……………………………………1/3カップ
塩……………………………………………小さじ1
胡椒…………………………………………少々

下準備
とり肉　　　塩、胡椒します。
ピーマン　　二つ割りにして種をとり、一口大に切ります。
マッシュルーム
　　　　　　石づきをとり、洗ってレモン汁をかけておきます。
小玉ねぎ　　熱湯につけてから皮をむきます。
玉ねぎ　　　みじん切りにします。

つくり方
1 鍋にサラダ油を熱してピーマンを入れ、さっと炒めて
　とり出します（味がなじみやすい）。
2 その鍋にバターを入れ、熱くなったらとり肉に小麦粉を
　まぶしつけながら入れ、表面に焼き色をつけます。
3 玉ねぎ、にんにくを加えて炒め、ローズマリー、
　ベイリーフと小玉ねぎも入れます。
4 白ワインをふり入れて弱火で少し煮つめます。
5 トマトの水煮をつぶしながら汁ごと入れ、
　塩、胡椒をします。ときどきへらで鍋底をこすり、
　こげつかないように煮ます。
6 20〜30分煮込んだところでマッシュルームと、先に
　炒めておいたピーマンを加え、4〜5分煮込みます。

調味料の計算

塩分 $700_g \times 0.8_\% = $ 約 5_g
とり肉

↓

塩 小さじ1

$500_g \times 1_\% = 5_g$
野菜

↓

塩 小さじ1

5 魚の煮つけ

あじの煮つけ

やわらかくふっくらと仕上げたい魚の煮つけ。中まで味をしみこませず、煮汁をかけて食べるので、
1尾づけの場合も切り身も、塩分（しょう油）は魚の重さに対して2〜3％と濃い目にします。
浅鍋に調味料を煮立て、魚を入れて落とし蓋をし、上下を返さずに煮ます。
煮汁が残ったら、大根や長ねぎを加え、さっと煮て魚に添えます。さば、いわしなどの青魚も、
同じ2〜3％の味つけで煮ます。

砂糖大さじ1+1/3

水大さじ8

酒大さじ4

しょう油大さじ4

材料と分量　　あじ……………………………4尾（400g）　　酒………………………………大さじ4
　　　　　　　　しょう油…………………………大さじ4　　　水………………………………大さじ8
　　　　　　　　砂糖…………………………大さじ1+1/3

つくり方　　1 浅鍋に調味料を入れて煮立たせ、魚の頭を左、腹を手前にして互い違いに並べ入れます。
　　　　　　　2 水にくぐらせた落とし蓋（皮がつかないように）をし、
　　　　　　　　ときどき煮汁をスプーンでまわしかけながら約10分中火で煮ます。
　　　　　　　3 フライ返しなどで身をくずさないように盛りつけ、煮汁を少々かけます。

魚の煮つけ 2〜3%

魚の煮つけの法則

	塩分	糖分
	材料の重さの **2〜3%**	材料の重さの **3%**
	水分	割合にすると
	材料の重さの **1/2** 酒と水合わせて	**1 : 1/3 : 3〜5** しょう油　砂糖　酒と水合わせて

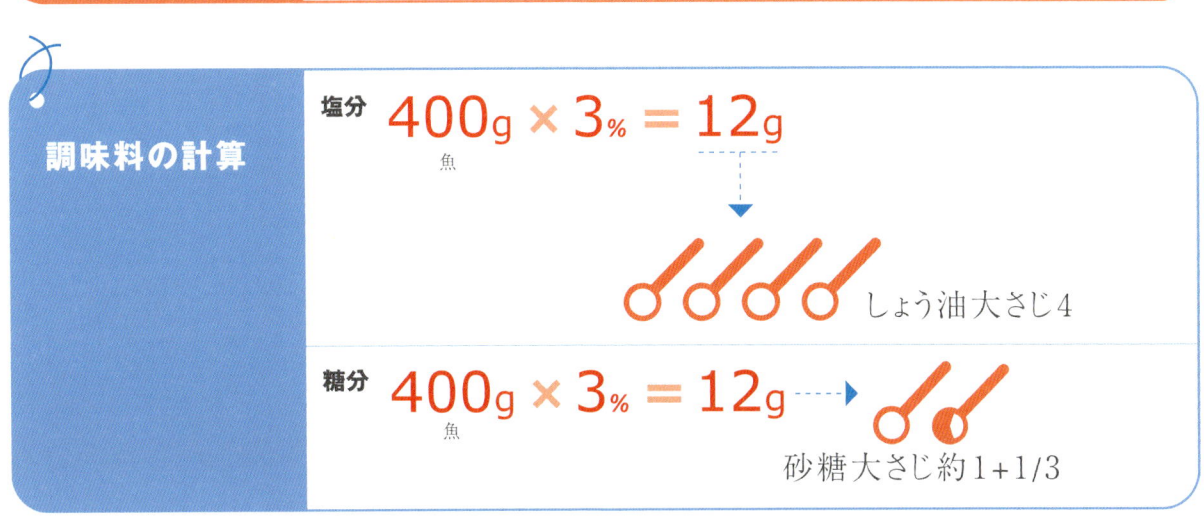

調味料の計算

塩分　**400g** (魚) **× 3% = 12g**
→ しょう油大さじ4

糖分　**400g** (魚) **× 3% = 12g**
→ 砂糖大さじ約 1+1/3

魚の煮つけの塩分は約3%

1尾100gとすると塩分は100g×3%＝3gでしょう油大さじ1、糖分は2〜3%で味をつけるので約3g＝砂糖小さじ1 しょう油に対して1/3のかさになります。
これを基本に、水分を加減すれば、あっさり味にもこってり味にも自在に煮つけができます。

魚の煮方による調味料のめやす （材料100gに対して）

	しょう油		砂糖		酒		水	
基本	大さじ2/3	〜 大さじ1	大さじ1/3		大さじ1		大さじ2	〜 大さじ3
あっさり煮（白身魚）	大さじ2/3	〜 大さじ1	大さじ1/4		大さじ1	〜 大さじ2	大さじ3	〜 大さじ4
こってり煮（金目鯛など）	大さじ1		大さじ1/2	〜 大さじ1	大さじ1	〜 大さじ2	大さじ3	〜 大さじ4
佃煮（いわしなど）	大さじ1		大さじ1/3	〜 大さじ1/2	大さじ1		大さじ2	〜 大さじ3

白身魚は、砂糖をやや控え、水分をやや多くしてさっぱり煮ます。
金目鯛など、脂の多い魚は、しょう油と砂糖をやや多めにし、こってり煮つけます。

5 魚の煮つけ

かれいの煮つけ

白身魚は、砂糖をやや控えて（2％）あっさり煮ます。

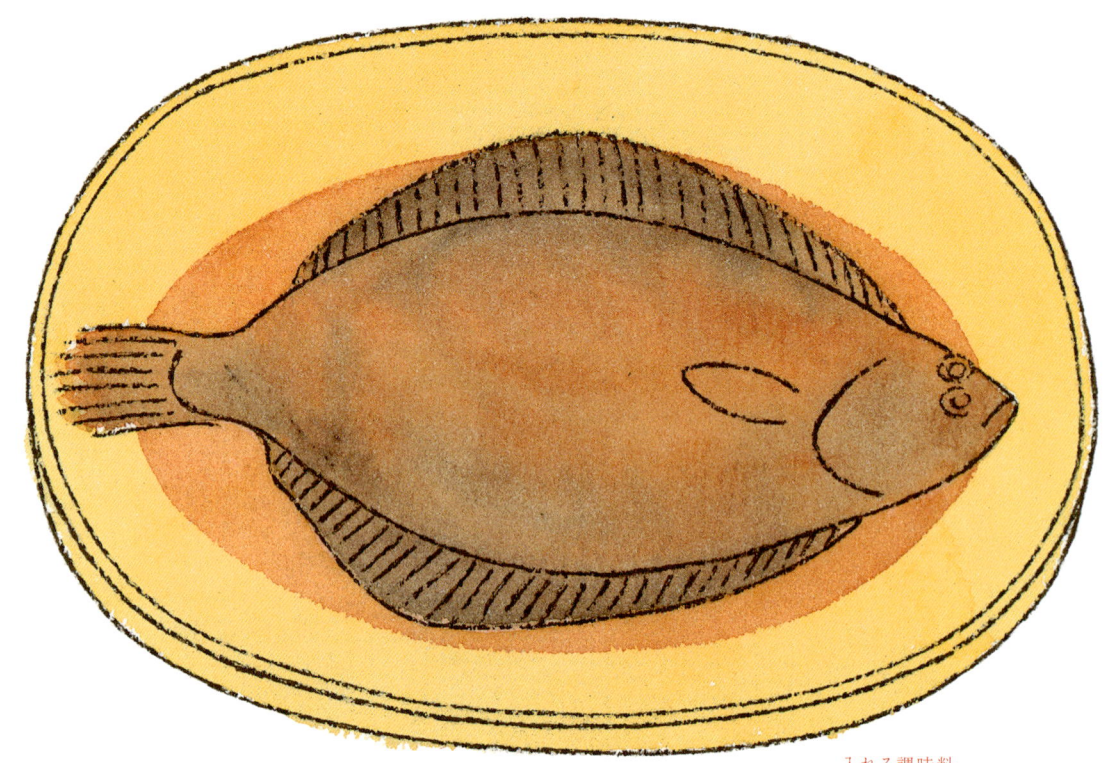

入れる調味料
しょう油大さじ4
砂糖大さじ1弱
酒大さじ4
水大さじ8

調味料の計算

塩分 $400_g \times 3_\% = 12_g$ ────▶ しょう油大さじ4
　　魚

糖分 $400_g \times 2_\% = 8_g$ ────▶ 砂糖大さじ1弱
　　魚

材料と分量

かれい	4尾（約400g）	酒……大さじ4
しょう油	大さじ4	水……大さじ8
砂糖	大さじ1弱	

つくり方

1 浅鍋に調味料を煮立て、かれいは盛りつけたとき背が上になる面を表にして、重ならないように並べます。
2 水にくぐらせた落し蓋（皮がつかないように）をし、ときどき煮汁をスプーンでかけながら煮て、汁けが少し残るくらいで火を止めます。
3 魚のあら熱がとれたら、身をくずさないようにフライ返しでそっと盛りつけ、煮汁を少しかけます。

魚の煮つけ 2〜3%

いわしの生姜炊き

やや濃いめの甘辛い味に煮つけます。煮汁を残さないので、塩分は2.5%と少なめです。
生姜のほか、梅干し、山椒の実なども、青魚のくさみを消してくれます。

入れる調味料
しょう油大さじ4
砂糖大さじ2弱
酒大さじ4
水大さじ8

調味料の計算

塩分 $500_g × 2.5_\% = 12.5_g$
　　　魚
→ しょう油大さじ約4

糖分 $500_g × 3_\% = 15_g$ → 砂糖大さじ2弱
　　　魚

材料と分量
- いわし……5尾（500g）
- しょう油……大さじ4
- 砂糖……大さじ2弱
- 酒……大さじ4
- 水……大さじ8
- 生姜（薄切り）……7〜8枚
- 針生姜……適宜

つくり方

＊魚を調理するときはまな板に紙をしき、終わったらそのまま包んで捨てるとまな板を汚さずにできます。

1. いわしはうろこと頭をとり、1尾を2〜3つに筒切りにして、箸や竹ぐしで腹わたを出します。流水でさっと流してから、3%の塩水（分量外）で洗います。
2. 鍋に調味料、水、生姜の薄切りを入れ、煮立てます。
3. いわしを入れ、再び煮立ったら中火にし、落とし蓋をして5分くらい煮ます。ときどき煮汁をかけながら、汁けがなくなるまで煮つめます。
4. 器に盛りつけ、針生姜をあしらいます。

6 魚の焼きもの

ぶりの鍋照り焼き

照り焼きは、ぶりのように脂肪の多い魚に向きます。0.5％ほどの塩をふり、フライパンで焼いてから、塩分3％のたれをからめます。たれはしょう油を同量のみりんと酒で割るので、口に入るときは約1.5％になります。たれは割合で覚えておくと便利でしょう。（80ページ参照）

入れる調味料
しょう油大さじ3
砂糖大さじ1
みりん大さじ2
酒大さじ1

調味料の計算

塩分 300g（魚）× 3% = 9g → しょう油大さじ3

糖分 300g（魚）× 3% = 9g → 砂糖大さじ1

材料と分量

ぶり……………………4切れ（300g）	みりん……………………大さじ2
塩………………………………小さじ1/5	酒…………………………………大さじ1
小麦粉……………………………適宜	砂糖………………………………大さじ1
サラダ油………………………大さじ2	長ねぎ………………………………1本
しょう油………………………大さじ3	

つくり方

1. ぶりはかるく塩をして、20分ほどおきます。
2. さっと水けをふいて小麦粉をかるくまぶし、フライパンにサラダ油を熱してぶりを入れます。表裏によい焼き色をつけ、いったんとり出します。
3. フライパンにたれの調味料を入れて、2/3量まで煮つめます。
4. ぶりを戻し入れ、かるくゆすってたれをからめます。
5. 皿にぶりを盛りつけ、フライパンに4cm長さに切った長ねぎを入れて、たれをからめながら焼き、魚に添えます。

鮭のムニエル

ムニエルとはバター焼きのこと。鮭の切り身に1%の塩をして10分ほどおき、水けをよくふいてから粉をつけて焼きます。

塩小さじ3/5

調味料の計算 　塩分　300g（魚）× 1% ＝ 3g ▶ 塩小さじ3/5

材料と分量
鮭‥‥‥‥‥‥‥‥‥‥4切れ（300g）　　バター‥‥‥‥‥‥‥‥‥‥‥‥大さじ4
塩‥‥‥‥‥‥‥‥‥‥‥‥小さじ3/5　　レモン汁‥‥‥‥‥‥‥‥‥‥‥小さじ2
胡椒‥‥‥‥‥‥‥‥‥‥‥‥‥‥少々　　じゃが芋・さやえんどう‥‥‥‥‥各適宜
小麦粉‥‥‥‥‥‥‥‥‥‥‥‥‥適宜　　塩‥‥‥‥‥‥‥‥‥‥‥‥‥‥‥少々
サラダ油‥‥‥‥‥‥‥‥‥‥‥大さじ4　　レモン輪切り‥‥‥‥‥‥‥‥‥‥4枚

つくり方
1 鮭に塩、胡椒して10分ほどおき、表面の水けを布巾でとって薄く小麦粉をまぶします。
2 フライパンにサラダ油を熱し、鮭を盛りつけるとき表になるほうから焼きます。
3 よい色がつくまでフライパンを動かしながら焼き、裏返して中まで火を通し、皿にとります。
4 フライパンをさっとふいて中火にかけ、バターを溶かしてレモン汁を入れ、
　レモンバターソースにします。
5 皿にムニエルをつけ、レモンの輪切り、塩茹でしたじゃが芋、さっと茹でて塩をふったさや
　えんどうなどをつけ合わせます。

6 肉の焼きもの

ポークソテー

肉は焼く直前に塩をふります。これがおいしい肉汁をのがさず、身をやわらかく焼き上げるコツです。

調味料の計算　塩分　300g（肉）× 1% ＝ 3g ······▶ 塩小さじ3/5

材料と分量

豚ロース肉……………………4枚（約300g）	サラダ油……………………………大さじ2
塩……………………………………小さじ3/5	白ワイン……………………………大さじ3
胡椒………………………………………少々	ソース ┌ トマト水煮………………………1/2缶
小麦粉……………………………………適宜	└ トマトケチャップ……………大さじ2

下準備
豚肉は赤身と脂身の間の筋に数カ所包丁を入れてから焼くと、肉がそり返らず、形よく仕上がります。

つくり方
1 肉に塩、胡椒をふって小麦粉を薄くまぶし、フライパンにサラダ油を熱して盛りつけるとき表にするほうから焼きます。
2 強めの中火でフライパンを前後にゆすりながら焼き色をつけ、裏返して火を弱め、中までじっくり火を通します。
　ワインをふりかけ、少し煮つめて肉を皿に盛りつけます。
3 フライパンに残った肉の焼き汁に刻んだトマトの水煮とケチャップを入れて混ぜ、煮立ったら肉にかけます。

肉の焼きもの 1%

豚の生姜焼き

つい濃い味をつけがちな生姜焼きも1%の塩分でじゅうぶんです。

調味料の計算 　塩分　300g（肉）× 1% ＝ 3g ────▶ しょう油大さじ1

材料と分量

豚ロース（薄切り）肉…………300g	酒・砂糖…………各小さじ1
小麦粉…………適宜	みりん…………小さじ2
サラダ油…………大さじ3	生姜汁…………大さじ1
しょう油…………大さじ1	ピーマン…………2〜3個

つくり方

1 ピーマンは縦2つに切って種をぬき、縦に6つに切り、フライパンにサラダ油大さじ1を熱して焼き、とり出します。
2 再びフライパンを熱して、サラダ油大さじ2を足し、豚肉に小麦粉まぶしてよく焼き、とり出します。
3 フライパンをきれいにし、調味料を入れて少し煮つめ、豚肉を戻し入れ、生姜のしぼり汁を入れます。
4 肉を器に盛り、ピーマンも残ったたれにからめて添えます。

6 オーブン焼き

ミートローフ

調理中に味見ができないものは、焼く前の塩加減がポイント。
ハンバーグステーキ、肉団子、餃子の具なども、塩分1％がめやすです。好みでソースを添えます。
一枚の天板で肉も野菜も一緒に焼き上げて、テーブルに出せます。
ミートローフの種はパウンド型につめ、じゃが芋や玉ねぎなど根菜は丸のままいっしょにオーブンに入れます。
茄子やピーマンなどすぐ焼けるもの、薄く切ったものは後から加えます。

入れる調味料（ミートローフ1本分）
塩小さじ1
ケチャップ大さじ2

調味料の計算

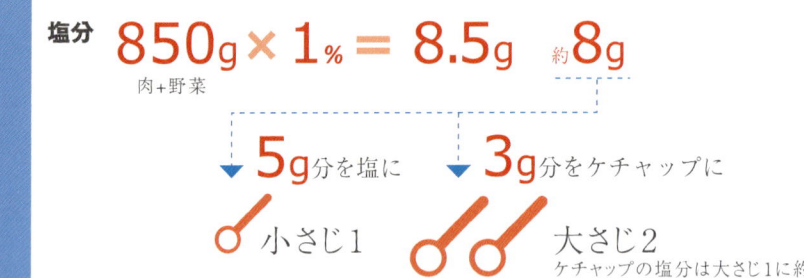

塩分 850g（肉+野菜） × 1% = 8.5g 約8g

→ 5g分を塩に　小さじ1
→ 3g分をケチャップに　大さじ2
ケチャップの塩分は大さじ1に約1.5g

材料と分量　パウンド型中1本

牛挽肉……500g	玉ねぎ……50g
豚挽肉……100g	トマトケチャップ……大さじ2
卵……1個	塩……小さじ1
パン粉……1/2カップ	胡椒、ナツメッグ……少々
生クリーム……大さじ3〜4	バター（型にぬる分）……少々
パセリ（みじん切り）……大さじ2	**一緒に焼く野菜**
にんにく……1/2片	玉ねぎ・じゃが芋・かぼちゃ・ピーマンなど
ピーマン＋マッシュルーム……100〜150g	……適宜

つくり方

1 パセリ、にんにく、ピーマン、マッシュルーム、玉ねぎをみじん切りにします。
2 材料と調味料をボウルに入れ、手でよく混ぜ合わせます。
3 パウンド型にバターをぬって混ぜた材料をつめ、台の上で型ごとトントンとかるく落として中の空気をぬき、天板にのせます。
4 型の横に根菜類を並べ、200℃に熱したオーブンの中段に入れて30分、180℃に下げてさらに30分焼きます。途中、肉の表面が焦げるようならアルミホイルをかぶせます。
焼き上がりの約20分前に、茄子やピーマンを入れます。
5 ミートローフに竹串をさしてみて、肉がくっついてこなかったら焼き上がり。
あら熱がとれたら型から出し、切り分けて器に盛ります。好みでトマトソースやマスタードなどを添えます。

天板焼き 1%

野菜と肉の天板焼き

野菜や肉を天板に並べてオーブンで焼いたり、戸外のバーベキューやテーブルを囲んで
ジュージュー焼きながらいただいたり。調理時間のないときや気軽な集まりにも
手づくりのたれを2～3種類用意すればすっかりわが家の味に。ごまだれは、材料に対して塩分1%です。
大根おろしにポン酢を混ぜたものなどでもおいしいでしょう。
（たれのつくり方80ページ参照）

材料と分量

豚肉・とり肉（そぎ切り）	各150g
いか	1ぱい（200g）
えび	4～6尾（200g）
じゃが芋	中4個（300g）
里芋	4個（200g）
人参	1本（150g）
玉ねぎ	大1個（150g）
長ねぎ	2本（200g）
茄子	2個（200g）
ピーマン	3個（100g）
しめじ	1株
生椎茸	4～6枚
ごまだれ ┌ すりごま（白）	大さじ6
├ しょう油	大さじ6
├ 砂糖	大さじ2
└ だし	1カップ

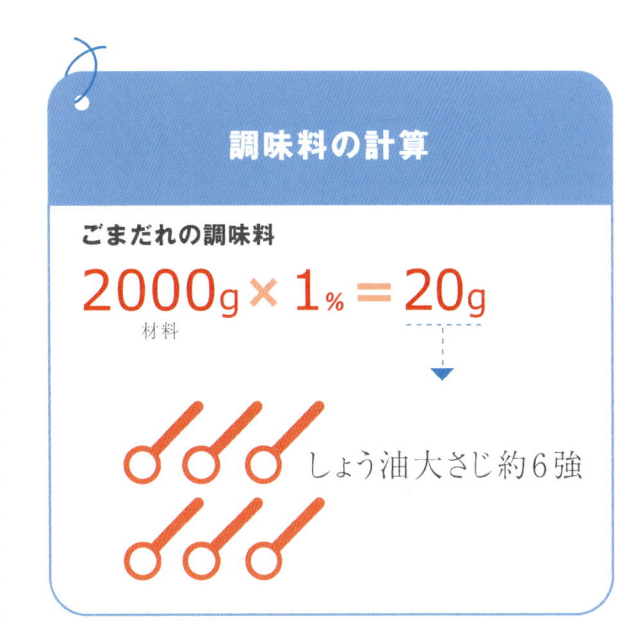

調味料の計算

ごまだれの調味料

$2000g × 1\% = 20g$
材料

しょう油大さじ約6強

つくり方

1. じゃが芋、里芋、人参は皮をむいて1cm厚さくらいの輪切りにし、固めに茹でます。
2. 玉ねぎ、長ねぎ、茄子、ピーマンは一口大に切り、しめじ、椎茸は石づきをとって食べやすい大きさにします。
3. 豚肉、とり肉は一口大に切ります。
4. いかはわたをぬき、皮をむいて斜めに切り目を入れ、輪切りにします。
5. えびは頭と背わたをとっておきます。
6. ごまをすり、調味料とよく混ぜ合わせておきます。
7. 天板に油をひいて、熱くなったら材料をのせて焼き、好みのたれでいただきます。

7 2色のソース

基本のホワイトソース

ホワイトソースやトマトソースを使った料理は人気の高いもの。肉や野菜などを加えて、
シチューやオーブン料理など、いろいろに展開できます。一度にたくさんつくって冷凍しておけるのもうれしいことです。
牛乳を使った料理は塩味がきくので、ふつうの味つけの半分くらいに控えます。

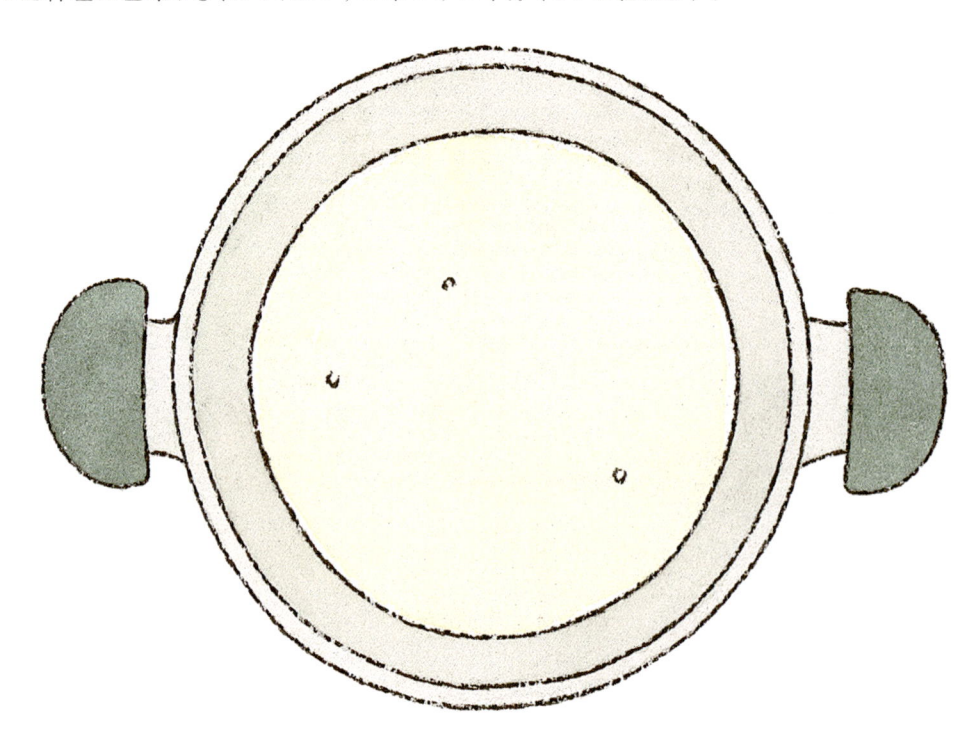

調味料の計算

塩分 900g（材料）× 0.6% ＝ 5.4g　約 5g

▼ 牛乳を使っているので塩は半量

小さじ1/2
有塩バターを使うときは、さらに控えます

材料と分量　1単位（3＋1/2カップ）

バター	50g
小麦粉	50g
牛乳	4カップ
塩	小さじ1/3〜1/2

つくり方

1　厚手鍋にバターを溶かし、小麦粉を入れてこがさないように気をつけながらよく炒めます。
2　いったん鍋を火からおろし、常温の牛乳を2回に分けて入れて混ぜます。
3　再び中火にかけ、木べらで底から混ぜながら、グラタンにちょうどよい濃度になるまで、
　弱火で約20〜30分煮ます。最後に塩で調味します。
＊もう少し煮つめてクリームコロッケ、スープでのばしてポタージュなど、料理に合わせて調節してください。
　火を止めるときの濃度が、いただくときのやわらかさの見当です。

ホワイトソース・トマトソース 0.6％

基本のトマトソース

野菜のうま味がひきたつように、塩分は0.6％と控えます。
パスタや野菜の煮込みに、また魚のムニエルなどにかけていただきます。

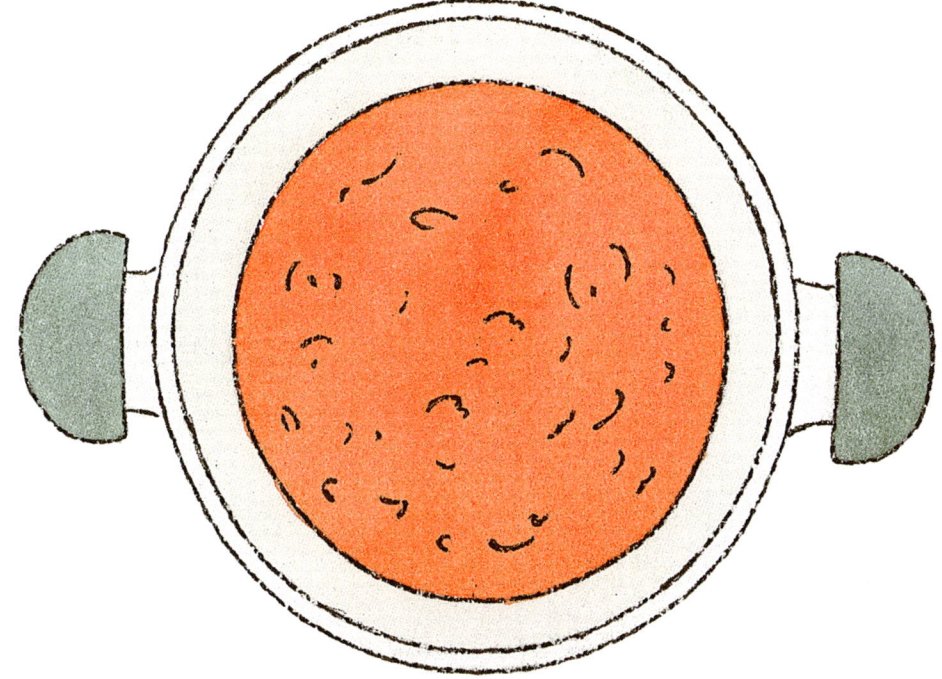

調味料の計算

塩分 1000g × 0.6％ = 6g 約 5g
材料

→ 塩 小さじ1

材料と分量

完熟トマト……4〜6個（800g）	塩……小さじ1
玉ねぎ……1/2個（100g）	胡椒……少々
にんにく……1片	バター……大さじ4
人参……1/2本（50g）	オリーブ油……大さじ2
セロリ……1/3本（50g）	ベイリーフ……1枚

つくり方

1 トマトは皮を湯むきして、ざく切りにします。
　玉ねぎはみじん切りし、にんにくは薄切り、人参、セロリは小さめの乱切りにします。
2 鍋にオリーブ油とバターを熱し、玉ねぎ、にんにくを入れて香りが立つまで炒めます。
　ベイリーフ、人参、セロリを加え、さらによく炒めてからトマトを加えます。
3 あくをとりながら弱火で20〜30分煮つめ、やや控えめに塩、胡椒で調味します。
4 こし器を通し、なめらかなソースにします。
＊冬はトマトの水煮缶を使います。

とり肉とカリフラワーの炒めもの

材料に対して味つけの塩分は1〜1.5％。材料は大きさをそろえて切り、固い野菜は下茹でをして火の通りが均一になるようにします。調味料が何種類も入る場合は、あらかじめ合わせておくと手際よくできます。
片栗粉は1カップのスープに小さじ2（2倍の水で溶く）がめやすです。

調味料の計算

塩分

$200_g \times 1\% = 2_g$ ──▶ 塩小さじ約1/3
とり肉

$200_g \times 1.5\% = 3_g$ ──▶ 塩小さじ3/5
野菜

材料と分量

とり手羽肉 … 200g	長ねぎ（斜め薄切り） … 10cm
A ┬ 酒 … 大さじ1	生姜（つぶしてせん切り） … 1片
├ 塩 … 小さじ1/3	にんにく（つぶしてせん切り） … 1/2片
├ 卵白 … 少々	B ┬ スープ … 1/2カップ
└ 片栗粉 … 小さじ1	├ 塩 … 小さじ3/5
サラダ油 … 大さじ4	└ 砂糖 … 小さじ1
カリフラワー … 小1個	片栗粉 … 小さじ1
干し椎茸 … 4枚	ごま油 … 小さじ1
さやえんどう … 30g	

つくり方

1 とり肉は一口大のそぎ切りにし、Aをよくもみ込んで下味をつけます。
2 干し椎茸は水につけて戻し、そぎ切りにし、カリフラワーは小房に分けて固めに茹でます。さやえんどうも筋をとり、さっと茹でておきます。
3 中華鍋に油大さじ2を入れ、油がぬるいうちにとり肉を入れ、徐々に火を強めて中まで火を通し、いったんとり出します。
4 その鍋に油大さじ2を足し、長ねぎ、生姜、にんにくを入れて炒め、香りが出たところで、椎茸、カリフラワー、とり肉を入れてさらに炒めます。
5 Bを入れ、煮立ってきたら片栗粉を倍量の水で溶いて加え、とろみをつけます。
6 最後にさやえんどうを加え、ごま油をふり入れてでき上がりです。

炒めもの 1〜1.5％

牛肉とピーマン炒め

色よく仕上げたい野菜は、かるく炒めていったんとり出し、他の材料を炒めたところに戻し入れます。

材料と分量

- 牛肉（赤身薄切り）……………………200g
- しょう油……………………………小さじ2
- 片栗粉………………………………小さじ1
- ピーマン……………………5〜6個（300g）
- 茹でたけのこ……………………………50g
- サラダ油……………………………大さじ4
- しょう油・砂糖………………………各小さじ1
- 酒……………………………………大さじ1
- 塩…………………………………小さじ1/2
- 胡麻油………………………………小さじ1

つくり方

1 牛肉は繊維にそって細切りにし、しょう油と片栗粉を
　まぶしておきます。
2 ピーマンは縦2つに切って種を出し、
　まな板の上でポンとたたいて平らにし、細切りにします。
3 茹でたけのこは縦に薄切りにし、
　さらに繊維にそって細切りにします。
4 鍋に油大さじ2を熱し、塩ひとつまみ（分量外）を入れて、
　ピーマンをさっと炒めていったんとり出します。
5 鍋に大さじ2の油を足し、温まったところに
　牛肉を入れてほぐし、徐々に火を強くして炒めます。
6 たけのこを加えて強火のまま炒め、
　ピーマンを戻し入れて、砂糖、酒、塩、しょう油を加え、
　鍋底から大きく返しながら一気に仕上げます。
7 最後に胡麻油をふって、風味をつけます。

調味料の計算

塩分

$200_g × 1_\% = 2_g$
牛肉

→ しょう油小さじ2

$350_g × 1_\% = 3.5_g$
野菜

→ 2.5_g分を塩に　→ 1_g分をしょう油に

　小さじ1/2　　　　小さじ1

9 酢のもの

きゅうりの酢のもの

酢のものや和えものは、主菜と味の調和をとる食卓の名脇役です。材料は、塩でもむ、茹でる、さっと煮るなどの下調理をしてから、水けをよくきって、盛りつける直前に和えます。
塩もみは、野菜に3％の塩（10分ほどおいてしぼると、口に入るときは約1％の塩分）をするので、合わせ酢に塩は入れません。

入れる調味料
塩小さじ1
酢大さじ2
砂糖小さじ2
しょう油（香りづけに）数滴

材料と分量

きゅうり………………………2本（200g）	合わせ酢
塩……………………………………小さじ1	酢・だし………………………各大さじ2
わかめ………………30g（戻して80g）	砂糖………………………………小さじ2
しらす干し…………………………20g	しょう油…………………………数滴
生姜…………………………………適宜	

つくり方

1. きゅうりは小口切りにしてボウルに入れ、3％の塩をまぶして10分ほどおき、かるくもみます。たっぷりの水を入れ、さっと混ぜて、布巾を敷いたざるにあけます。布巾の四すみを持って、きゅうりがつぶれない程度にしぼります。これで約1％の塩分が残ります。
2. わかめは水で戻して熱湯を通し、冷水にとって水けをきり、食べやすい長さに切ります。
3. しらす干しは洗って水けをきり、わかめと合わせて、しょう油と酢各小さじ1（分量外）をふりかけておきます。
4. 合わせ酢をつくり、きゅうり、わかめ、しらす干しを和えます。
5. 針生姜（生姜を繊維にそってごく薄切りにし、さらに細切りにして水にさらしたもの）を飾ります。

酢のもの 1%

酢のものの法則

塩分	酢
材料の重さの **1**%	材料の重さの **10**%
砂糖	だし
酢の **1/3** のかさ	酢と**同**かさ

調味料の計算

塩分
200g（きゅうり） × 3%（食べるときは1%） = 6g → 塩小さじ1強

酢
300g（きゅうり＋他の材料） × 10% = 30g → 酢大さじ2

糖分
300g（きゅうり＋他の材料） × 2% = 6g → 砂糖小さじ2

合わせ酢・酢と砂糖の割合　酢を1として

		酢	砂糖
		1	1
甘めの味	甘酢漬け・なますなど	1	2/3
		1	1/2
普通の味	野菜・海草などの酢のもの	1	1/3
		1	1/4
かくし味	酸味をきかせたい和えものなど	1	1/5

ほうれん草のおひたし

茹で野菜は0.5％程の塩をふってかるくしぼってから和えると、水っぽくならずに仕上がります。

入れる調味料
- ふり塩 小さじ1/5
- 割り下しょう油 大さじ1
- だし 大さじ1

和えものの法則

しょう油
材料の **1.5%**
だし
しょう油と同かさ

材料と分量

- ほうれん草 ……………………… 200g
- 塩 ………………………………… 小さじ1/5
- しょう油 ………………………… 大さじ1
- だし ……………………………… 大さじ1
- 糸がつお ………………………… 適宜

つくり方

1. たっぷりの熱湯に塩（水1リットルに塩小さじ1）を入れ、ほうれん草を何回かに分けて茹で、冷水にとってさらします。かるくしぼってざるに広げ、塩をひとつまみふって、3cm長さに切ります。
2. ボウルにしょう油とだしを入れ、ほうれん草の水けをしぼり、和えます。器に盛り、糸がつおをのせます。

白和え

具には1％の塩分、和え衣には1.5％の塩分と3％の糖分を加えます。

入れる調味料
- 材料 しょう油 小さじ2
- みりん 小さじ2
- だし 大さじ4
- 和え衣 塩 小さじ3/5
- 砂糖 小さじ2
- しょう油（香りづけに）数滴

材料と分量

- こんにゃく＋ひじき（戻して）……………… 200g
- しょう油 …………………………………… 小さじ2
- みりん ……………………………………… 小さじ2
- だし ………………………………………… 大さじ4
- 和え衣 ┬ 豆腐 …………………………… 200g
-        │ 白ごま ………………………… 大さじ2
-        │ 塩 ……………………………… 小さじ3/5
-        │ 砂糖 …………………………… 小さじ2
-        └ しょう油 ……………………… 数滴

つくり方

1. 豆腐は中火で静かに15分ほど茹でてざるにとり、水けをきって布巾に包み、もみほぐしておきます。
2. こんにゃくは塩（分量外）でもみ、茹でてから、長さ3cm幅1cmほどの短冊切りにします。
3. ひじきは戻して、さっと茹でます。
4. こんにゃく、ひじきを調味料で汁けがなくなるまで煮ます。
5. 白ごまを炒り、すり鉢でよくすって豆腐を加え、さらにすります。和え衣の調味料を入れて混ぜ、こんにゃく、ひじきを和えます。

酢のもの・和えもの 1〜1.5％

いんげんのごま和え

いんげんや枝豆のように固いものは
まず1％の塩をしてから茹でます。
材料は塩分1.5％、糖分3％で味をつけます。

入れる調味料
塩小さじ2/5
しょう油大さじ1
砂糖小さじ2
だし大さじ1

材料と分量
いんげん	200g
塩（いんげんにまぶす）	小さじ2/5
ごま	大さじ2〜3
しょう油	大さじ1
砂糖	小さじ2
だし	大さじ1

つくり方
1 いんげんは両端を切り落として、
　食べやすい長さに切ります。
　塩をまぶし、たっぷりの熱湯でやわらかく茹でます。
　冷水にとってざるに上げ、かるく塩をふります。
2 ごまはこがさないように香ばしく煎り、
　すり鉢でするか、布巾に包んで上から包丁をあてて、
　切りごまにします。
3 調味料を加えてよく混ぜ、だしでのばして、
　いんげんを和えます。

茄子とトマトのおろし和え

三杯酢（材料の重さに対して塩分1％・酢10％・
砂糖・だしは酢の1/3のかさ）に、大根おろしを加えました。
さつま芋など、甘味のあるものとよく合います。

入れる調味料
塩小さじ2/3
酢大さじ3
砂糖大さじ1
しょう油（香りづけ）数滴

材料と分量
茄子	3本（200g）
トマト	1個（100g）
大根おろし	200g
合わせ酢　塩	小さじ2/3
酢	大さじ3
砂糖・だし	大さじ1
しょう油	数滴
揚げ油	適宜

つくり方
1 茄子は大きめの角切りにし、塩少々（分量外）を
　ふってあくを出し、水けをふいて
　高温の油で色よく揚げます。
2 トマトは皮を湯むきし、茄子と同じくらいに切ります。
3 大根をおろしてかるく水をきり、
　三杯酢をつくって茄子とトマトを和えます。
＊ 大根おろしをつくるときは、まな板を斜めにおいた上に
　布巾を広げ、大根をすりおろします。
　布巾の四すみをもってかるくふた振りすると、
　ちょうどよく水けがきれます。

10 常備菜

常備菜

これらの常備菜は保存を目的とした調理法なので、塩分は約2％、糖分は3～5％と普通の煮ものより甘辛く煮ます。煮汁は残さずに煮からめます。

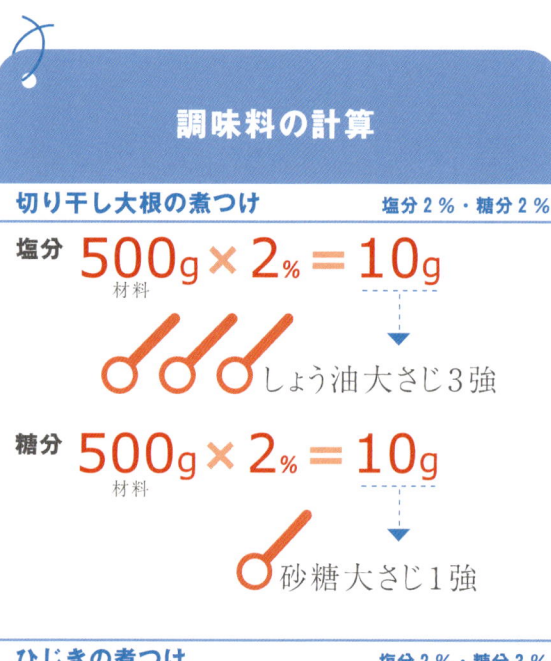

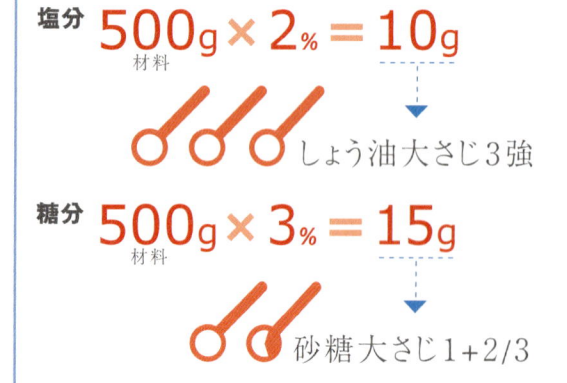

調味料の計算

切り干し大根の煮つけ 塩分2％・糖分2％

塩分 500g材料 × 2％ = 10g
→ しょう油大さじ3強

糖分 500g材料 × 2％ = 10g
→ 砂糖大さじ1強

ひじきの煮つけ 塩分2％・糖分3％

塩分 500g材料 × 2％ = 10g
→ しょう油大さじ3強

糖分 500g材料 × 3％ = 15g
→ 砂糖大さじ1+2/3

きんぴらごぼう 塩分3％・糖分4％

塩分 500g材料 × 3％ = 15g
→ しょう油大さじ5

糖分 500g材料 × 4％ = 20g
→ 砂糖大さじ2強

切り干し大根の煮つけ

切り干し大根の煮つけは、やわらかい味に仕上げたいので、甘味をやや控え目にします。

入れる調味料
- しょう油大さじ3
- 砂糖大さじ1

材料と分量

切り干し大根（乾）	50g（戻すと300g）
厚揚げ	200g（1枚）
サラダ油	大さじ2
切り干し大根の戻し汁	1カップ
だし	1/2カップ
砂糖	大さじ1
しょう油	大さじ3
赤唐辛子	1本

つくり方

1 切り干し大根はさっと洗い、ひたひたの水に20～30分つけて戻し、かるく水けをしぼります。戻し汁はとっておきます。
2 厚揚げはさっと茹でて油ぬきし、縦2つに切ってから5～6mm幅に切ります。
3 鍋にサラダ油を熱し、切り干し大根を炒め、全体に油がよくまわったら厚揚げを加えてさらに炒めます。
4 切り干し大根の戻し汁とだし、調味料を注ぎ入れ、種をとって小口切りにした赤唐辛子を加え、中火でときどき上下を返しながら、煮汁がなくなるまで煮ます。

常備菜 2%

ひじきの煮つけ

まず具を炒めてから煮ます。
この調理法は常備菜でよく使います。

入れる調味料
- しょう油 大さじ3
- 砂糖 大さじ1+2/3
- みりん 大さじ1
- 酒 大さじ2
- だし 大さじ2

材料と分量

ひじき（乾）	50g（戻して300g）
干し椎茸	2枚
しらたき	100g
油揚げ	50g
人参	50g
サラダ油	大さじ2
しょう油	大さじ3
砂糖	大さじ1+2/3
みりん	大さじ1
酒	大さじ2
だし	大さじ2

つくり方

1. ひじきはさっと洗ってから水で戻し、水けをきってたっぷりの湯で1～2分茹でます。
2. 干し椎茸は戻して石づきをとり、細切りにします。
3. しらたきはさっと茹で、食べやすい長さに切ります。
4. 油揚げは熱湯を通して縦2つに切り、細切りにします。
5. 人参は皮をむき、3cm長さのせん切りにします。
6. 鍋にサラダ油を熱してひじきを炒め、全体に油がまわったところで人参、椎茸、しらたきを加えてさらに炒めます。
7. 油揚げを入れ、調味料とだしを加え、煮汁がほとんどなくなるまで10分ほど煮からめます。

きんぴらごぼう

ごぼうだけでなく、人参、こんにゃく、蓮根、じゃが芋などいろいろに応用できます。

入れる調味料
- しょう油 大さじ5
- 砂糖 大さじ2
- みりん 大さじ2

材料と分量

ごぼう	350g（大1本）
人参	150g（中1本）
しょう油	大さじ5
砂糖・みりん	各大さじ2
サラダ油	大さじ2/3～1
赤唐辛子	少々

つくり方

1. ごぼうはたわしで洗い、4cm長さくらいの細切りにして水にさらし、水けをきります。
2. 人参は皮をむいて4cm長さくらいの細切りにします。
3. 鍋に油を熱し、ごぼうと人参を炒めます。
4. 油がまわってきたら調味料を加え、煮汁がなくなるまで炒めます。

＊ごぼうが固いようならだしを1/3カップほど加えて炒め、最後に赤唐辛子（種をとって小口切り）を入れ、煮汁をからめます。

卵料理

卵1個は50gを基本に

茹で卵、オムレツ、スクランブルドエッグ、
厚焼き卵に茶碗蒸し……。
卵料理は毎日の食卓に、いろいろな顔で登場します。
卵1個（約50g）にちょうどよい塩分約1％は塩0.5g。
これは親指と人差し指でつまんだ量です。
糖分は、洋風のものにはあまり使いませんが、
和風の卵焼きや炒り卵は
卵1個に砂糖小さじ1がめやすです。

卵と調味料の基本の割合

塩分

卵1個に塩ひとつまみ＝約 **0.5g**
4個のときは4回くり返します

糖分（甘味を加える場合）

卵1個に砂糖小さじ1

ココット

小さなカップにハムやチーズ、トマト、
茹でたほうれん草など2〜3種類入れた上に、
卵をポンと割り、フライパンに湯をはって
蒸し焼きにします。

材料と分量 ココット型1個分

卵	1個
塩	ひとつまみ
胡椒	少々
ちぎりバター	適宜
ほうれん草	30g
ベーコン（薄切り）	適宜

つくり方

1 ほうれん草は2cm長さに切り
（あくが気になるときはさっと茹でます）、
ベーコンは1cm幅に切って一緒に炒めます。

2 耐熱の器に具を入れ、塩、胡椒をふり、
バターをのせて中心を少しへこませ、
卵1個を割り入れます。

3 フライパンに器を並べ、湯を少量はって、
蓋をします。

4 中火で3〜4分蒸し焼きにし、卵の黄身がしずみ、
表面がうっすらと白くなったらでき上がり。

卵料理 1%

厚焼き卵

卵1個にだし大さじ1弱が扱いやすい分量、
割合にすると卵とだしは4:1です。
回数を重ねて上手に焼き上げるコツをつかんで下さい。

材料と分量

卵	4個（200g）
だし	大さじ3強（50cc）
塩	小さじ1/4
砂糖	大さじ2
酒	大さじ1
サラダ油	適宜

つくり方

1. だしと調味料を合わせます。
2. 卵をよく溶きほぐし、1に混ぜ入れます。
3. 卵焼き器にサラダ油1/4カップほどを熱して
   よくなじませ、いったん油をあけてかるくふきます。
   卵液を少したらしてジュッと音がする状態になったら、
   全体の1/4量の卵液を流し、全面に広げます。
   中火で鍋を上下に動かして焼き加減を調節します。
4. 卵が半熟になったら手前に巻きよせ、
   卵焼き器のあいた部分をさっとふきます。
   残りの1/3量の卵液を流し、
   焼けた卵の下にもいきわたるようにします。
5. 手前の焼けた卵を芯にして、向こう側に巻き、
   また油をひいて残りの卵液も同じように焼きます。
6. 熱いうちにすだれにとって巻き、
   しばらくおいて形をなじませてから切ります。

スペイン風オムレツ

じゃが芋、赤ピーマンなどを入れてフライパンいっぱいに
丸く焼き上げる、ボリュームのあるオムレツです。
具がたくさん入るので、その分、塩を加えます。

材料と分量

卵	4個
塩	小さじ1/4
胡椒	少々
じゃが芋（正味）	200g
サラダ油	適宜
グリーンピース	1/2カップ
赤ピーマン	小1個
塩	小さじ1/3

つくり方

1. じゃが芋は薄いいちょう切りにして、たっぷりの油を
   入れたフライパンで炒め揚げにします。
2. グリーンピースはやわらかく茹で、塩少々をふります。
   赤ピーマンは5mm角に切ります。
3. ボウルに卵を割り、塩小さじ1/4、胡椒を少々入れ、
   フォークでかるくかきまぜます。
4. 卵にじゃが芋、グリーンピース、赤ピーマンを加え、
   塩小さじ1/3ほど加えて味つけします。
5. フライパンを充分に温め、油をひいて
   卵液を一気に流し入れ、大きく4〜5回かき混ぜて
   中火にし、蓋を半かけにして焼きます。
6. 表面が少し乾きかけてきたら、裏返して焼きます。
   熱いうちに切り分けて食卓に。
   ライムやレモンのしぼり汁などをかけてもよいでしょう。

11 卵料理

割合で覚える卵の蒸しもの

卵とだしの割合、だしに対する塩分を覚えてしまうと、いつも失敗なく口あたりのよい味と固さにできます。

1 茶碗蒸

卵：だし＝1：3

卵1カップ（約4個） ： だし3カップ

調味料の計算

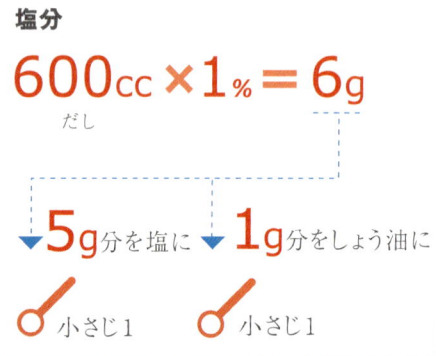

塩分
$$600cc \times 1\% = 6g$$
だし

- 5g分を塩に → 小さじ1
- 1g分をしょう油に → 小さじ1

糖分
$$600cc \times 0.5\% = 3g$$
だし

- 砂糖小さじ1

材料と分量

- 卵……………………3～4個（200cc）
- A ┬ だし……………………3カップ
　　├ 塩………………………小さじ1
　　├ しょう油………………小さじ1
　　└ 砂糖……………………小さじ1
- えび……………………………5尾
- 生椎茸…………………………4枚
- 茹でたけのこ…………………60g
- B ┬ しょう油………………大さじ1
　　├ 酒………………………大さじ1
　　├ 三つ葉…………………8本
　　└ 柚子の皮（または木の芽）…………適宜

つくり方

1. えびは塩水で洗って頭と殻をとり、背わたをぬきます。
2. 生椎茸は石づきをとってそぎ切り、茹でたけのこは薄切りに。三つ葉は2cm長さに切ります。
3. 卵を泡だてないようによくほぐし、Aと合わせてこし器を通します。
4. 具はかるく下味（分量外、しょう油・酒各大さじ1）をくぐらせてから茶碗に入れて、静かに卵液を注ぎます。
5. 湯気のたった蒸し器に入れて蓋をし、最初は中火強で4～5分、蓋を少しずらして中火弱で約6分蒸します。
6. 蒸気の水滴が落ちないように蓋の内側に布巾をかけ、きっちり蓋をして火を弱めて5分蒸し、三つ葉を入れて火を止めます（竹串をさしてみて、澄んだ汁が出れば火が通っています）。5分ほど蒸らし、へぎ柚子をあしらいます。

2 プリン

卵：牛乳 ＝ 1：2

卵1カップ（約4個） : 牛乳2カップ

材料と分量

卵	3～4個（1カップ）	カラメルソース 砂糖	大さじ5
牛乳	2カップ	水	大さじ5
砂糖	2/3～1カップ	バター	適宜
レモンの皮	少々		
バニラエッセンス	少々		

つくり方

1 鍋に牛乳、砂糖、レモンの皮を入れて火にかけ、砂糖が溶けたら火を止め、バニラエッセンスを数滴加えます。
2 ボウルに卵を割り入れ、1を徐々に入れてよく混ぜ、こし器でこします。
3 カラメルソースをつくります。鍋に砂糖と水大さじ2＋1/2を入れて火にかけ、こげ茶色になるまで煮つめ、火を止めて水大さじ2＋1/2を加えてよく溶かし、とろりとさせます。
4 プリン型にバターをぬり、カラメルソースを小さじ2くらい入れて、卵液を入れます。
5 天板にプリン型を並べ、まわりに湯を注ぎ180度のオーブンで40分蒸し焼きにします。

3 卵豆腐

卵：だし ＝ 1：1

卵1カップ（約3～4個） : だし1カップ

材料と分量

卵	3～4個（1カップ）	くずあん	だし	1カップ
だし	1カップ		塩	小さじ1/5
塩	小さじ1/5		しょう油	小さじ1
しょう油	小さじ1		片栗粉	小さじ1
わさび	適宜			

つくり方

1 だしに塩としょう油を入れ、さらに卵を溶いて加え、こし器を通します。
2 型に卵液を流し入れ、湯気の上がった蒸し器に入れて、中火で約15分蒸します。
　竹串をさして、汁が澄んでいればでき上がり。
3 型から、たっぷりの水の中にすべり落とし、好みの大きさに切ります。
4 くずあんは、だしに塩、しょう油を入れて煮立て、倍量の水で溶いた片栗粉を入れて、煮立てとろりとさせます。
5 器に卵豆腐を盛り、上からあんをかけて、わさび少々を添えます（小さく切って椀種にも）。

12 割合で覚えるたれ・ソース

割合で覚えるたれ・ソース1

調味料を割合で覚えてしまえば、いつでも手軽にわが家の味がつくれます。
まとめてつくって瓶に入れて冷蔵保存しておくと便利です。

練り味噌

赤味噌と白味噌の練り味噌は、田楽や和えもの、茹で野菜に添えるなど大へん重宝します。

赤練り味噌　1：1：1

材料と分量 1カップ分

赤味噌1カップ ： 砂糖1カップ ： 酒1/3カップ／だし2/3

白練り味噌　1：1/2：1

材料と分量 1カップ分

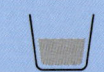

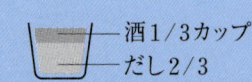

白味噌1カップ ： 砂糖1/2カップ ： 酒1/3カップ／だし2/3

つくり方

1. 全ての材料を小鍋に入れ、味噌を溶きほぐしてから火にかけます。
2. しゃもじで8の字を書くように混ぜ、マヨネーズくらいのかたさまで練り上げます。

▼ **基本の練り味噌の展開**（酢、辛子を加えます）

酢味噌

材料と分量 4人分

練り味噌1カップ ＋ 酢大さじ1強 ＋ だし適量

辛子酢味噌

材料と分量 4人分

練り味噌1カップ ＋ 酢大さじ1 ＋ 練り辛子小さじ2/3〜1 ＋ だし適量

ドレッシング

フレンチドレッシングの酢と油の割合は1：3が基本ですが、好みで増減します。魚介類にはやや酸味をきかせると、味がしまり、おいしくなります。

基本のドレッシング　1：3

野菜に

酢1/4カップ／サラダ油3/4カップ

＋

塩小さじ1 ＋ 砂糖小さじ1 ＋ にんにく・胡椒適宜

魚介に

酢1/2カップ／サラダ油1/2カップ

＋

塩小さじ1 ＋ 砂糖小さじ1 ＋ にんにく・胡椒適宜

＊使う材料の取り合わせによって、ソースも基本の配合でつくったものに、香味野菜や香辛料などを加えて味に変化をつけてもよいでしょう。

ポイント
- 酢は、レモン汁と酢を半々にしてもよいでしょう。
- 魚介の場合は、酢の中にレモン汁を多くし、酢と油の割合は1:2と酸味を効かせた方が味がしまります。

つくり方
1 にんにくを半分に切ってボウルの内側にぬります。
2 サラダ油以外の調味料をボウルに入れて混ぜ、
3 サラダ油を少しずつ加えながらよく混ぜます。
　好みでにんにくを加えて瓶に移し、
　冷蔵庫で保存します。

▼ 基本のドレッシングの展開

トマトドレッシング
材料と分量

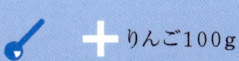

基本のドレッシング1/2カップ ＋ 塩小さじ1/5 ＋ トマト100g

つくり方
基本のドレッシングにトマトの皮を湯むきして、細かく刻んだものを入れ、塩小さじ1/5ほど足します。

りんごドレッシング
材料と分量

基本のドレッシング1/2カップ ＋ 塩小さじ1/5 ＋ りんご100g

つくり方
りんごは皮をむき、細かく刻んで塩水に放し、水けをきって基本のドレッシングに加えます。

しょう油ドレッシング
材料と分量

基本のドレッシング1/2カップ ＋ しょう油小さじ2 ＋ 長ねぎ大さじ3 ＋ ごま油小さじ1/2

つくり方
基本のドレッシングに、しょう油、長ねぎのみじん切り、ごま油を加えて混ぜます。

マリネソース
野菜と魚介では、酢と油の割合を変えます
（油はオリーブ油でもサラダ油でも）。

1カップのマリネソース 1:3

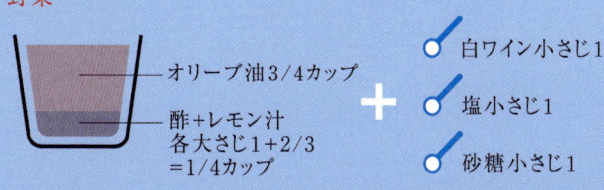

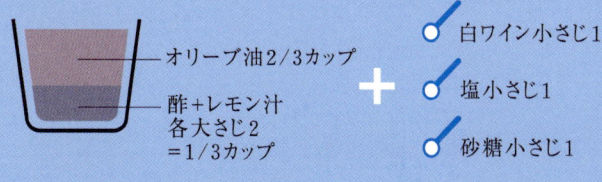

野菜

オリーブ油3/4カップ
酢＋レモン汁 各大さじ1+2/3 ＝1/4カップ

＋ 白ワイン小さじ1
　 塩小さじ1
　 砂糖小さじ1

にんにく・胡椒適宜

魚介

オリーブ油2/3カップ
酢＋レモン汁 各大さじ2 ＝1/3カップ

＋ 白ワイン小さじ1
　 塩小さじ1
　 砂糖小さじ1

にんにく・胡椒適宜

ポイント
野菜のマリネソースは、酢と油の割合を基本のドレッシングと同じく1:3にします。
野菜は、セロリ、人参、小玉ねぎ、カリフラワー、きゅうり、しめじ、かぶなどを一口大に切り、1種類ずつ、レモンの輪切りを入れた熱湯をくぐらせ（固いものはやや長めに）、水気をきってマリネソースに漬けます。
魚は、鯵やわかさぎなどに小麦粉をふり、からりと揚げ、玉ねぎをのせてソースに漬けます。
半日ほどで味がしみてきます。

割合で覚える たれ・ソース2

和風のたれ

八方だし 4:1:1:1
和風料理に利用範囲の広い基本的な調味だしです。水、かつお節、みりん、しょう油の割合を、4:1:1:1と覚えてしまいましょう。そのままの濃さで、天つゆ、そうめんのつけ汁、揚げだし豆腐のたれなどに、また水溶き片栗粉でとろみをつけて、卵豆腐などのあんに。3〜4倍に薄めて、めん類のかけ汁など、つくりおきしておくと、重宝します。

材料と分量 約1カップ分

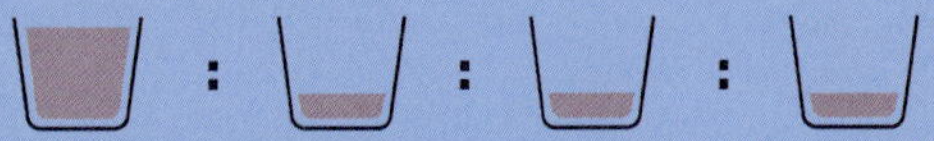

水1カップ : 削り節1/4カップ : みりん1/4カップ : しょう油1/4カップ

つくり方
鍋に全ての材料を入れて火にかけ、煮立ったら中火にして1分ほど煮出してからこします。瓶に入れて冷蔵保存します。

焼き肉のたれ 3:2:1:1/2
牛肉、豚肉、とり肉などすべての肉に使える自家製のたれは、さっぱりとしておいしいもの。火は通さないので早めに使いましょう。

材料と分量 約1/2カップ分

しょう油大さじ3 : 砂糖大さじ2 : ごま油大さじ1 : みりん大さじ1/2
＋長ねぎみじん切り大さじ4＋にんにくみじん切り小さじ1

つくり方
全ての材料を混ぜ合わせます。キャベツやレタスをさっと炒めて皿に盛り、炒めた肉と一緒に食べます。

照り焼きのたれ
照り焼きチキン、いわしのかば焼き、親子丼などのたれは肉にも魚にも合う甘辛い味です。たれを煮つめたところに9分どおり焼いた具を加えてからめます。

材料と分量 100gの材料に対して・約1/2カップ

しょう油大さじ3 : みりん大さじ2 : 酒大さじ1 : 砂糖大さじ1/2

つくり方
鍋に全ての材料を入れて火にかけ、約2/3量になるまで煮つめ、具を煮からめます。

鍋ものの煮汁とたれ
寄せ鍋のように味をつけたたっぷりの汁で煮ながら汁とともに食べるもの、濃い味のたれで煮るすき焼きちり鍋や水炊きなどがあります。

ごまだれ
しゃぶしゃぶなど鍋もののたれのほか、茹で野菜や肉や魚の和え衣にも向きます。

材料と分量 約1カップ分

しょう油1/3カップ
砂糖1/3カップ
すりごま1/3カップ
＋練りごま・酒 各大さじ2〜3

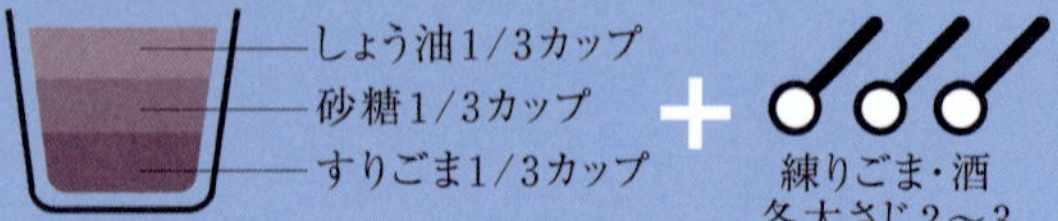

つくり方
ボウルに、練りごま、砂糖、すりごまを入れ、酒を少しずつ加えながらよく混ぜます。続いてしょう油をよく混ぜます。

ポン酢 1:1:1
ゆず、かぼすなど柑橘類のしぼり汁としょう油、だし汁を同割にしてつくります。

材料と分量 1カップ分

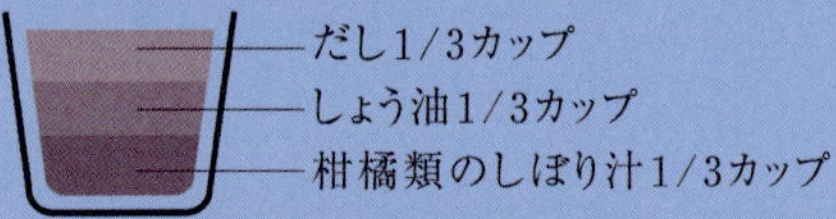

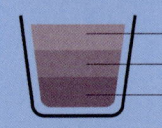

だし1/3カップ
しょう油1/3カップ
柑橘類のしぼり汁1/3カップ

つくり方
全ての材料を混ぜ合わせます。柑橘類のしぼり汁と酢を半々にしてもよいでしょう。

すき焼きの割りした

関西風は、材料の上にしょう油、酒、砂糖など各々を適当にかけていきますが、ここでは全部の調味料を合わせた割りしたをつかう方法を。塩分は2％ほどにします。

材料と分量 4人分
昆布だし	2カップ
しょう油	大さじ2+1/2
酒	大さじ2+1/2
砂糖	大さじ1+1/2

つくり方
鍋に水2カップとだし昆布（10g）を入れて火にかけ、煮立ったら昆布を引き上げ、しょう油、酒、砂糖を入れてひと煮立ちさせます。
鍋にこの割りしたを煮立て、肉から入れていきます。途中で煮つまったら、だしで薄めます。

寄せ鍋の煮汁

魚、野菜、肉などと一緒に食べるので、汁は塩分1～1.5％をめやすにします。

材料と分量 4人分
だし	4カップ
塩	小さじ1
しょう油	大さじ2
砂糖	大さじ1
酒	大さじ3

つくり方
だしに調味料を加えて煮立てた中に、魚や肉や野菜などを入れて煮ます。
だしは、昆布とかつお節や、とり骨つきぶつ切り肉などでもよいでしょう。

ちり鍋、しゃぶしゃぶの煮汁

汁に味はつけず、好みのたれで食べます。

材料と分量 4人分
昆布のだし	5カップ
酒	1/2カップ

つくり方
鍋に水5カップとだし昆布（15g）を入れて火にかけ、煮立ったらすぐ昆布を引き上げて酒を入れます。この中で魚や肉、野菜を煮て、ポン酢やごまだれで食べます。薬味は、長ねぎのみじん切りや、もみじおろし（大根に赤唐辛子をさしておろしたもの）を。

中国風ソース

チリソース

えびのチリソースでおなじみのソース。トマトケチャップをベースに、豆板醤の辛みを加えます。

材料と分量 1カップ分
サラダ油	大さじ4
にんにく（みじん切り）	大さじ1
しょうが（みじん切り）	大さじ1
豆板醤	大さじ3
トマトケチャップ	大さじ4
砂糖	大さじ4
しょう油	大さじ4
酒	大さじ4

つくり方
1 鍋に油を熱し、にんにく、しょうがを炒め、香りが出たところで豆板醤を混ぜ入れます。
2 トマトケチャップ、砂糖、しょう油、酒を入れてよく混ぜ、とろりとしてきたらでき上がりです。
＊冷めたら瓶などに入れ、冷蔵庫に保存します。

リャンパンめんのたれ

中華めんに、いろいろな具をのせていただく、冷やし中華のたれです。

材料と分量 約1カップ分
酢	大さじ3
しょう油	大さじ2
砂糖、油	各大さじ1
とり肉のゆで汁	1/2カップ
ラー油、ごま油	各小さじ1

つくり方
材料を全部一緒に合わせます。

リャンパン菜のたれ

中国風サラダのドレッシングです。

材料と分量 約1/2カップ分
酢	大さじ3
しょう油	大さじ2
砂糖	大さじ1
ごま油	大さじ1/2
サラダ油	大さじ1/2
炒りごま	大さじ1
ラー油	少々1

つくり方
材料を全部一緒に合わせます。

野菜の旬と選び方・重さのめやす

野菜は種類、産地、季節によって旬や重さに差があります。家庭でよく使われるものの平均的な重さと鮮度の見分け方です。

セロリ
1本　約150g
3月～夏
葉が青々とみずみずしく、茎に光沢があり、筋がはっきりしているものを。芯に近い方がやわらかい。葉は炒めものやスープに。

キャベツ
1個　800g～1kg
春キャベツ　3～4月
高原キャベツ　夏～秋
冬キャベツ　2月
葉のやわらかい春キャベツ、高原キャベツは生や炒めもので。平たくて固い冬キャベツは煮込むと甘味が出ておいしい。外葉のついた張りのあるものを。

じゃが芋
1個　約100～200g
新じゃが　5月
熟した芋　8～12月
芽の出ていないものを。ホクホクの男爵はサラダや粉ふき芋向き。粘質のメークイーンは煮くずれないので、煮ものや炒めものに。

グリーンアスパラガス
1束　約100g
5～6月
緑が濃く、茎がまっすぐで太く、穂先のしまった切り口が乾いていないものを。収穫後、時がたつと、袴がビラビラしてくる。（買ったらすぐ袴をとる）穂先が開いたものは、輸入品で大味。

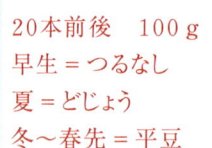

いんげん
20本前後　100g
早生＝つるなし
夏＝どじょう
冬～春先＝平豆
年に何度もでき、三度豆とよばれる。おいしいのはどじょう。緑が濃く、さやのみずみずしい、先のピンとした太いものを。古くなると色が落ちる。

きゅうり
1本　約100g
露地もの　7～8月
ハウスもの　5月以降
さわると痛いくらいのとげがあり、太さが均一で、つるの切り口がみずみずしいものを。いぼいぼがすり減っているものは収穫してから時がたっている。

トマト
1個　約200g
露地もの　8月
ふっくらして丸く、じゅうぶん重みのあるものを。ヘタがピンとして、皮にうぶ毛が立っていると、より新鮮。

ピーマン
1個　40～50g
7～8月
緑が濃く、張りとつやのある、肉厚なものを。最近は、大きくてカラフルな種類も国産され、サラダやイタリア料理などに使われている。黄・オレンジ・赤の順に甘味が増す。100g中にビタミンC80mgを含む。

かぼちゃ
1個　約1kg
露地もの　夏～秋
ハウスもの　5月と9月
西洋かぼちゃが市場の9割。水っぽく粘質の日本かぼちゃは煮もの向き。冬場は輸入品が中心。皮が固くて緑が濃く、どっしりと重いものを。切り売りは、果肉の色が濃い肉厚のものを。

茄子

茄子(中)1個／80～100g
8月下旬～10月
一般的な茄子の他、長茄子、小茄子、米茄子、加茂茄子などいろいろな種類がある。色つやがよくて実がしまり、いずれもヘタにとげの立ったものを。小茄子は漬けもの、長茄子は煮ものや焼きものに向く。

玉ねぎ

1個 150～200g
玉ねぎ 10月
新玉ねぎ 4月～5月
茶色の皮が薄くて光沢があり、よく乾燥したものを。新玉ねぎは偏平で色が白く、表面の乾たもの。収穫したての新玉ねぎは辛味が少なくやわらかいので、サラダなど生食向き、輸入品も多い。

さつま芋

中1本 約200g
8月末～10月
新芋は7月ごろから出始めるが、量も値段も安定するのは10月。甘味が濃く味が充実するのは冬。ふっくら丸く重みがあり、紅色が濃くつやのあるものを。低温に弱いので冷蔵庫には入れない。

里芋

1個 50～80g
10月～12月
種芋から親芋、子芋、孫芋と増える。夏に出る石川早生は子芋、縁起物の八つ頭は親芋。細長い子芋より、丸い孫芋の方が、やわらかく味がよい。

ほうれん草

1束 約200g
11月～3月
緑が濃く、葉が肉厚、幅広のものを。霜にあうと葉が赤みをおび、甘味を増しておいしくなる。冬場のほうれん草には、夏の2倍以上の栄養がある。ハウスものは葉が薄く細く、栄養があるのは路地ものの1／2以下。

人参

1本 120g～150g
12月～3月
新人参 5月
葉つきは新鮮な証拠、赤みの濃いものを。まだらに実が透けて見えるものは、糖分がまわっていておいしい。切り口から小さな緑の葉が出始めているのは古い。

大根

1本 約1kg
冬大根 12月
秋大根 10月
まっすぐで肌が白く、きめが細かく、つやのあるものを。主流はずん胴の青首で甘味が強くどんな料理にも向く。冬に出まわるふっくら中太りの三浦は煮ものに最高。

ブロッコリー

1株 200～250g
11月～3月
緑が濃く、蕾がふっくらして密なものを。やや開き加減の方が熟していておいしい。茎の細いものは輸入品。茎もゆでたり炒めるとおいしい。ビタミンA・C・Eが豊富、100gで1日の所要量がとれる。

白菜

1株 約1～1.5kg
12月、4月 春白菜
春白菜は緑で、やわらかい。しっかりと巻いてずっしり重いもの、茎の切り口がみずみずしく、割れていないものを。切り売りは、断面の先端部がしっかり巻いて、葉が密で、黄色の部分が多いものを。

9 塩分糖分調味パーセント

塩分・糖分パーセントのめやす

塩分		料理名	糖分	
2-3%	●●●	しいたけ・かんぴょうの煮もの	●●●●●●●●●●●●●●●	10-15%
2%	●●	さばの味噌煮・青魚の煮もの	●●●●●●●●	8%
2%	●●	即席漬け		
1.5-2%	●●	白身魚の煮つけ	●●●●●	5%
1.2-1.5%	●●	里芋の煮つけ・炒りどり	●●●●●●	5-6%
1.5-2%	●●	豚肉の生姜焼き	●●●	3%
1.2-1.5%	●●	酢豚	●●●●●●●	5-7%

$$塩・砂糖の重さ(g) = \frac{材料の重さ(g) \times 塩分・糖分(\%)}{100}$$

塩分	料理名	糖分
1-2%	卵とじ	3-4%
1-1.2%	炒めもの・おでん	0.5-1%
1%	おひたし・煮びたし　茶碗蒸し	
1%	洋風の炒め物・焼きもの	
0.6-0.8%	味噌汁・けんちん汁　炊き込みご飯	
0.6-0.8%	すまし汁・シチュー	
0.6%	サラダ・スープ　オムレツ	

塩分換算早見表

材料の重さから割り出した塩分を、しょう油、味噌におきかえるのに使います。
例えば、全体で4gの塩分を1g分を塩に、3g分をしょう油におきかえるとき、
塩、しょう油それぞれの塩分1gと3gの欄をみます。
すると塩分1gの塩は小さじ1/5（1g）、塩分3gのしょう油は大さじ1（18g）と、ひと目でわかります。

塩分	0.5g	1g	1.5g	2g	2.5g
塩	ひとつまみ	小さじ1/5 1g	小さじ1/5強 1.5g	小さじ2/5 2g	小さじ1/2強 2.5g
しょう油 重さは塩の6倍	小さじ1/2強 3g	小さじ1 6g	大さじ1/2 9g	大さじ2/3 12g	大さじ2/3強 15g
味噌（中辛） 重さの約10％が塩分	小さじ1弱 5g	大さじ1/2強 10g	大さじ2/3強 15g	大さじ1強 20g	大さじ1+1/3強 25g

3g	3.5g	4g	4.5g	5g	5.5g	6g
小さじ3/5	小さじ3/5強	小さじ4/5	小さじ1弱	小さじ1	小さじ1強	小さじ1+1/5
3g	3.5g	4g	4.5g	5g	5.5g	6g
大さじ1	大さじ1強	大さじ1+1/3	大さじ1+1/2	大さじ1+2/3	大さじ1+2/3強	大さじ2
18g	21g	24g	27g	30g	33g	36g
大さじ1+2/3	大さじ2弱	大さじ2 + 小さじ2/3	大さじ2+1/2	大さじ2+2/3強	大さじ3強	大さじ3 + 小さじ1
30g	35g	40g	45g	50g	55g	60g

味つけの法則早見表

これは味つけのめやすです。仕上げに味を確かめましょう。

汁ものの法則

1人分のだし **150cc** に塩 **1g**

▼ 味噌（中辛）にすると
1人分 = 小さじ2 = 12g
4人分 = 卵大1個 = 約50g

味つけご飯の法則

水	米のかさの **1.2**倍
塩分	米 **1**カップに塩小さじ **1/2** = **2.5**g

酢めしの法則

水	米と同かさ
塩	米 **1**カップに小さじ **1/2** = **2.5**g
酢	米 **1**カップに **20**cc = 炊き上がりの米に約 **5**%
砂糖	米 **1**カップに小さじ **1** = **3**g

煮ものの法則

塩分	材料の重さの **1.5**%
砂糖	材料の重さの **2**%
みりん	砂糖と同かさ
だし	材料の重さの **1/2**

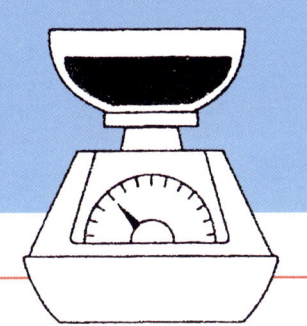

魚の煮つけの法則

塩分	材料の重さの **2-3**%
砂糖	材料の重さの **3**%
水分	材料の重さの **1/2**

▼ 割合にすると（100gに対して）
しょう油大さじ1 ： 砂糖小さじ1 ： 酒（水）大さじ3〜5

酢のものの法則

塩分	材料の重さの **1**%
酢	材料の重さの **10**%
砂糖	酢の **1/3** のかさ＝材料の重さの3%
だし	酢と同かさ

和えものの法則

塩分	材料の重さの **1.5**%
だし	しょう油と同かさ

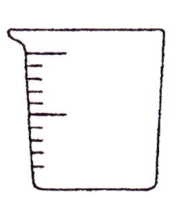

12 1日にとりたい食品のめやす量

1日に何をどのくらい食べたらよいのでしょう

年令	牛乳・乳製品	卵	魚・肉	豆・豆製品
6- (小学生)	400 (チーズ10)	50 (約1個)	100	70 (味噌8)
9- (小学生)	400 (チーズ10)	50	男 130 女 120	80 (味噌10)
12- (中学生)	400 (チーズ10)	50	男 140 女 120	80 (味噌10)
15- (高校生)	400 (チーズ10)	50	男 130 女 110	80 (味噌10)
18- (大学生・社会人)	男 210 (チーズ10) 女 205 (チーズ5)	50	男 120 女 100	80 (味噌10)
30- (社会人)	205 (チーズ5)	40	男 120 女 100	80 (味噌10)
50- (中・高年)	205 (チーズ5)	40	男 120 女 100	80 (味噌10)
70- (高年)	205 (チーズ5)	40	男 120 女 100	80 (味噌10)

塩は1日10gまで＝小さじ2

材料は廃棄量を除いた正味の重さ　単位：g

野菜	果物	穀物	砂糖	油脂
270（青菜40 芋50）	150	男 230 / 女 200	20	20
400（青菜60 芋50）	150	男 270 / 女 250	25	男 25 / 女 20
450（青菜60 芋100）	150	男 350 / 女 300	25	25
450（青菜60 芋100）	150	男 400 / 女 270	25	男 30 / 女 25
400（青菜60 芋50）	150	男 370 / 女 250	20	男 20 / 女 15
400（青菜60 芋50）	150	男 350 / 女 240	20	男 20 / 女 15
400（青菜60 芋50）	150	男 300 / 女 210	20	15
400（青菜60 芋50）	150	男 240 / 女 180	20	男 15 / 女 10

おいしさをつくる塩加減

本谷 滋子

「家族や友人においしいものを食べさせたい」この思いを片時も忘れずに料理をしてまいりました。家庭料理には覚えておきたい大切な基本があることを私が知ったのは、結婚後まもなく、月刊誌『婦人之友』を知り、その後に入会した友の会（読者の集まり）講習で教えていただいてからでした。中でも、"味つけのめやす"という法則を覚えてからは、料理への興味がどんどん広がり、台所に立つのが毎日楽しくなったものです。

そして"味つけのめやす"による「味」は、わが家の食卓をはじめ、講師として訪れた全国各地の料理講習会で、参加された方々（その数はもう、数千人にのぼるのではないでしょうか）に試食をしていただいた経験にも後押しされて、確かなものとなりました。

また、この30年あまりは、ヨーロッパへ料理の勉強に行き、塩加減は世界中の料理に通じる「味」の基礎であることを実感しました。

この調味料の計算を身につけると、勘や経験に頼ってなんとなくするのでなく、食べる方の年齢や健康に合わせて、また素材の性質に合わせて少し濃いめに、控えめにと心を配りながら自由自在に塩加減ができます。どんなに人数が増えようとひるむことなく、いつもおいしい食卓がととのえられます。

この楽しさを料理をはじめてする若い方から、ベテランの方まで老若男女を問わず、ぜひ皆さまに味わっていただきたいと思っております。

もとやしげこ（料理研究家）

味つけの法則

2002年3月20日　第1刷発行
2022年2月10日　第14刷発行

編　者　婦人之友社編集部

発行所　婦人之友社
　　　　〒171-8510
　　　　東京都豊島区西池袋2-20-16

電　話　(03)3971-0101(代)

振　替　00130-5-11600

印　刷　光村印刷株式会社

製　本　大口製本印刷株式会社

乱丁・落丁はおとりかえいたします。

© Fujin-no-Tomo-Sha 2002
Printed in Japan
ISBN978-4-8292-0418-4

生活を愛するあなたに
婦人之友
毎月12日発売

衣・食・住・家計・子どもの教育から世界の動き、環境問題まで幅広くとりあげています。
よい家庭、よい社会をつくりたいと願う人々と共に歩む雑誌です。

定期購読（1年分／半年分）もできます。お近くの書店又は直接小社へお申し込み下さい。

家庭料理の手ほどき帖
恵津子流料理のたねあかし

本谷惠津子著　定価1,540円（税込）
「目ばかり、手ばかり」「味つけの型紙」など一生役立つ調理の基礎から、手早く食卓を整える料理65品まで。ごはんづくりが自由自在に。

すぐできる・あってよかった
今夜のおかず110

婦人之友社編　定価1,760円（税込）
『婦人之友』読者と選んだ料理研究家22人の人気レシピが1冊に。すぐできる、おいしい定番料理が食卓で楽しめます。

おいしくてヘルシー！
わが家のからだにいい料理

石原洋子著　定価1,760円（税込）
油脂や塩分をひかえながら、素材の旨みを最大限に引き出した石原家のヘルシーレシピ。育ち盛り、働き盛りの家族のために。

魔法の鍋帽子®
レシピ85
かぶせておくだけ！ふっくら保温調理

婦人之友社編　定価1,650円（税込）
短時間の加熱後火からおろし、鍋帽子をかぶせておくだけ。手間をかけずに、素材の味をひき出す調理法、しかも省エネ。鍋帽子の実物大型紙付き。

魔法使いの台所
まとめづくりと手早い料理で夕食用意が30分

婦人之友社編　定価1,430円（税込）
忙しいときほど役立つまとめ料理、手早くできる主菜・副菜。野菜をたくさんとる工夫、材料の使いこなし術とアイディア料理を満載。

わたしの保存食
漬けもの四季折々
おいしい漬け方と料理ヒント

婦人之友社編　定価1,760円（税込）
梅干し、たくあん、糠みそ漬け、キムチ、サラダ感覚の即席漬けなど125種と風味や酸味を生かした料理25品を紹介。

わたしの保存食
四季のジャムと甘煮
コンポート・ペースト・果実酒などデザート・ケーキ・料理への利用

婦人之友社編　定価1,760円（税込）
食卓に旬の果実や野菜のおいしさを！ジャム、フルーツバター、ジェリー、甘露煮、シロップ、果実酒など150余種。

わたしの保存食
常備菜
つくりおきのおかずと展開料理

わたしの保存食 全3冊ケース入りセット 定価5,500円（税込）B5判

婦人之友社編　定価1,980円（税込）
野菜、乾物がたっぷりとれる和・洋・中のお惣菜とその展開料理290種。まとめ調理で気持ちにゆとりも生まれます。

お求めは書店又は直接小社（☎03-3971-0102）へご注文ください。　定価は、本体価格に消費税10％が加算されています。
ホームページ　https://www.fujinnotomo.co.jp/　E-mail:tomomail@fujinnotomo.co.jp　2022年2月現在